西田幾多郎書簡集

藤 田 正 勝 編

岩 波 書 店

凡例

一 本書は、西田幾多郎の書簡から、編者により三二二通を選び年次順に収録した。

一 底本には、岩波書店版『西田幾多郎全集』第十九巻—第二十三巻（二〇〇六年九月—二〇〇七年九月）を用いた。

一 書簡全文を収録した場合と、掲載する箇所を選んで採録した場合がある。一つながりの文面で途中を略した場合は、〔中略〕で示した。書簡文末の日付、発信者名は全て省いた。

一 各書簡には、通し番号、日付、宛先を付した。

一 各書簡の発信地が分かるものは示した。〔はがき〕〔封筒欠〕〔年推定〕〔託便〕〔書留〕などの書簡の情報を付した。

一 各書簡の要旨を編者がまとめ、［　］で示した。

一 西田幾多郎の生涯、時代から、全体を四部に分類した。

一 文語文の書簡は、旧仮名遣いのままとした。清音で記された文字はそのまま清音で表記した。

一　口語文の書簡は、新仮名遣いに改めた。通常濁音で記される文字は濁音で表記した。

一　ほとんどの書簡において句読点は使われず、代わりに少し間隔があけられているだけであるが、読みやすくするために句読点を補った。

一　明らかな脱字は、〔　〕を付して本文中に補った。明らかな誤記は訂正した。

一　漢字語のうち、使用頻度の高い指示代名詞や接続詞、副詞などを平仮名に改めた場合がある。平仮名を漢字にすることはしなかった。

一　一部の欧文について、訳語を〔　〕を付して補った。

一　読みが難しいと思われる語に適宜ルビを付した。

目次

西田幾多郎書簡集

第一部　学びの時期——研究者への歩み

第四高等学校教授時代

明治二十四(一八九一)年

1　12月18日　山本(金田)良吉　東京本郷より　〔犬死にの時近し〕

聞く如く東京は冬日に至て天気特に晴朗、未た下りし六出花《りくしゅつか》(1)を見すと雖とも、寒気凜々北風一たひ至れは竦然《しょうぜん》毛髪を立たしむ。余時々得意之風邪に罹るに困る。雅《が》兄《けい》今頃身体如何。日々出校し得るや否、阿《あ》母《ぼ》如何阿《あ》妹《まい》如何。久しく訪問せす幸にその罪を恕《じょ》せ。嗚呼君よ今年も早く十二月の下旬となりぬ。回顧せは廿二年一夢の如し。唯毎年年暮に及て往事を追悔するのみ。人は皆来れる春を喜べども、吾はたゝ碌々《ろくろく》犬死之時近くと思へは転《うたた》慨嘆に堪へす。

明治二十七(一八九四)年

2　10月20日　山本良吉　金沢より

〔T・H・グリーンの紹介〕

また先日宇野君之話には、京都之学校にて哲学出徳永満之肺病にてもはや授業もいたし兼ぬるとの事有之につき同君より今川の方へ哲学之人有用ならすや問ひ合はすとの事故小生もし哲学を教ふるを得は無上の幸につき、小生よりも今川に当て懇々依頼いたしやり候。宇野君之親切は深く感佩《かんぱい》いたし居り候。同君は未た例の教育之ことに来らす。

小生は当地に坐食しなから自分のことを貴兄等に任しをき〔候〕は甚た鉄《テツ》面之至りに候へとも、藤岡君、松田君之話によれは出京しても俄によき処も無之と之事故先つ見合せ居候間何分よろしき様奉願上候。実はこの閑暇に乗し何か世の為にもなることといたし度ものと存し、兼て考へ居候如くグリーンの説を本邦人に紹介いたし度ものと存し居り候。始は一冊の書にもいたさんと存し居り候へとも、そは短才なる小生にはなお不当之ことゝ存し候故もし稿を属するを得は教育時論にても余白をか《〔借〕》らんと存し候か大兄にはいかゝ存しられ候や。グリーンの義は先日河島君の恵により拝借いたし少々読み申候。随分読みにくきものに候。何やら曖昧なる所多し。metaphysics は dialectic を論せさるも全く Hegel をとりたるものと存しられ候。

明治二十八(一八九五)年

3　5月20日　山本良吉〔封筒欠〕　〔石川県尋常中学校七尾分校での授業〕

拝啓　春夏之交に候処大兄不相変御壮健御勉学之段奉賀候。今ては追々学年の終りも近つき嘸《さぞ》御多忙のこと丶存し候。教育及倫理にはいかなる論文を御著し被遊候や、きかまほしく候。広告にて拝見いたし候へは意志の自由と倫理学の文已に御出しの由いかなる高説か伺ひ度候。小生クリイン倫理学御蔭により本懐を遂け難有存し候。しかしとても普通に解し難からんと存し居り候(雑誌は送りくれ候)。

鈴木兄非常に厭世的なる手紙を送り自殺をもほめ候故小生大に反対の旨申送り候。元来同氏は何故左程厭世に入られ候や。大兄時々御面会のこともあらんと存し候故何とか御慰めありて一生を誤らん様御注意の程くれ〴〵も奉願上候。田〔岡〕嶺雲もまた厭世なる由、吁《ああ》ショ氏(2)〔と〕ハイネと人を害する甚《はなはだし》い哉。小生より見れは厭世観は俗観より深きも大観の域を去る遠きものと存し候。況んや自殺の如きも普通には男子か最も恥〔べ〕き所業の一と存し候。大兄も何か大望を抱かれ候由誠に賀すへきことに候か一時の熱情より暴虎《ぼうこ》馮河《ひょうが》の譏《そしり》を蒙らさる様御注意第一と存し候。

小生は唯童子を対手にいかにして教育すれはよきと日夜苦心いたし居り候。最も方法に困り居り候は倫理に御座候。大兄何かよき考も御座なく候か。とうも始の中は理論を云ふても無益と存し候。何かよき参考の書もなきや。松蔭や東湖はいかにして天下の名士を陶冶せしや、新島先生の伝は有益なる書にあらすや、人物陶冶の法は今の自称教育者の説よりは古人の塾則なとを見る方よろしからんか。さる書籍は御座なく候や。東京の古本屋に責而《セメテ》者《ハ》草《グサ》(3)と云ふ書なきや御探し被下度候。

4　9月8日　山本良吉　〔封筒欠〕　　［世界の舞台に出る］

大兄は諸教授を訪問して快談を試みられし由定めて面白かりしならん。大兄東京に止まられさりしは惜むへし。君の如きは東京に巨臂《きょひ》を奮ふ方大に世の為めとなるなり。然れとも今はいたし方なし。先つ暫時故都の月を眺めて時機を待たれよ、丈夫玉砕恥瓦全(4)、進める丈《だけ》は奮進すへし。有為の青年一地方に局促すへからす。余も昨年来は唯悒々《ゆうゆう》として日月を送迎せしか今夏大兄と話をして大に活気を得たり。人間五十活潑々地《かっぱつはっち》行かんと欲する処にゆき進まんと欲する処にすゝむへし。余か昨年来の引き込み思案は大に誤り居れり。蟄居して学問し三宅程になりたりとて一の Geiz〔吝嗇漢〕と同しく世に益なし。己の得たる丈は世に顕はし世を進めそる〔ママ〕へからす。是吾人の義務なり、余は自揣《はか》らす能登中学に終るより一層大なることに一生を奉せんと思ふ。始より小事に安んせは一生成す所知るへきのみ。余は今夏大兄と話し居たる如く明年は東都に出て大に独逸文学及ひ哲学を勉強し今までの仙人主義をすてゝ務て世界の舞台に出んと思ふ。余は之を楽とし て勇気勃々《ぼつぼつ》勉学いたし居り候。

明治二十九(一八九六)年

5　3月31日　山本良吉　能登七尾府中大乗寺より

[family life を後悔]

先日の御手紙によれは大兄には鵬翼万里の雲を衝かんか将《は》た peaceful life を取らんかとの御考有之候由、小生は今にして family life を後悔いたし居り候故、切に大兄もこの鬼窟に陥り給はさらんことを望む。側《ほのか》に大兄か京都においての御評判を聞くに、人皆大兄の熱心に驚き居る様子なるか大兄の狭量を誹り居る由、大丈夫固《もと》より人言を顧みす。

されとも狭量は大兄の僻なれは少しく顧慮する所あれよ。

本月二十五日小生方に一女児を挙けたり、余は多く浮世の網をつゝる身となれり。日々己か気力の衰へん事を恐る。金沢へ行けは雪門禅師に参して妙話をきかんと思ふなり。今年の夏は七月早々京都より東京へ漫遊するつもりなり。その節定めてまた御難題になるならん。

明治三十(一八九七)年

6　11月11日　山本良吉　〔封筒欠〕　[真正の己を得てこれと一になる]

人間はそれよりそれと心にかけれは繁忙また繁忙寸刻も安き能はす。君深くその心の奥に返りて忘念〔ママ〕の本を斬らすんは到る処に不満は君を苦むるならん。余も始めて当地に参り候時は誠にいつれを見ても不快なりしかその後独りにてよく〳〵考ひ〔ママ〕、今ては何となく心安かに相成り申候。いろ〳〵不満に思ひし事も顧れは己か心のいやしきを恥かしく存し候。馬太伝《マタイ》の六章に Which of you by taking thought can add one cubit unto his stature ?〔汝らのうち誰か思ひ煩ひて身の丈一尺を加へ得んや〕の語を深く感し候か、之の語を守れは別に不平の起る筈も有之間敷と存し候。

この肉身も大切なるへけれとも人は無理にこの肉体を保たさるへからさるの理ありや。思ふに人の生命は肉身にあらずその人の理想にあるならん、人かその内心に深く探りて善と思ふ事に反する事をなすの時は、即ち己か他に圧せられ己たる者は已に死亡したる也。徳富は肉体は存するも確に棺木裏《かんぼくり》の中に入りたる也。人か深く〳〵心の奥を探りて真正の己を得て之と一となるの時あらは、たとひその時間一分時なり〔と〕もその生命は永久ならん。何ぞ己か精神を苦めて之の醜肉体を保つの要あらんや。君は何の故に之の肉体の生存を欲し玉ふや。一毫も精神上の己に背いて之の肉の永存を許らは、たとひ肉体は存するも精神は死去し終らんか。

明治三十一(一八九八)年

7　10月13日　**稲葉昌丸**　金沢より　［子を失う悲しみ］

御手紙被下難有奉拝誦《はいしょう》候。承り候へは大兄には今度御子様を失はれ候由御愁傷之程いかばかりかと身に泌〔ママ〕む様に存しられ候。Natur〔自然〕と申す物は中々に刻薄之者に候。

しかしこれはまた広洲老師か幾多之棒喝(5)にも勝れて大兄を警醒したる事かと思へは大兄も幸福之人と存しられ候。小生も去月末頃俄に帰省いたし候処父はなお存命中にてその後も約十日間は辛くも生き延び居り候か卒《つい》に鬼籍に上り候。しかし小生之方は大兄のと異なり兼て覚悟いたし居り候こととて別に驚きも不申候。小供は二人とも入院いたし居り候かこの方は少々はよき方に趣く様存しられ候。なお遠からす帰校之上はいろ〳〵御話可申上候。草々頓首

明治三十二(一八九九)年

8　9月15日　**山本良吉**　金沢より

[禅への思い]

御手紙拝誦仕り候。道学之こと絶えす御心懸之由奉賀候。小生なとも日々念頭にかけ居り今度も妙心寺にて一夏研究いたし候へとも、小生か欠点は勇猛決烈之精神に乏しく一生懸命の場合に臨んて退く故何の功もなく慚愧之至りに御座候。貴命之如くこの事は一通り心懸居り候ても、余輩之如き外に職掌あり内に妻子之纏綿あるものは中々に困難之ことに候。されとも小生之聞く所を以てすれは日々一時間にても三十分にても満身之

熱誠を以て提撕《ていせい》し、その他閑時には忘れぬ様につゝけ居れは漸々に熟するもの、由にて、唯一日にても中止するのか最も悪しき由に御座候。小生もはや二、三年も空しく費して人にも愧《はずか》しきことに候かこれも自身に臭気多きか為なれは致方なし。幸に今度よりは臥龍山(6)に雪門老師のあるあれは少し物事うちつきなは一ツ奮ふて参して見んと存し居り候。いかなる貴き事、この心の救より大切なる事あらじとは、小生近来益《ますます》感する所に候へは、ヨシ幾年無益に星霜を送るともこの事たけは遂け度《たく》念願に御座候。大兄も真実にこの心の救を求めんと欲し玉はゝ、来年の暑中の休にても好機会あらは閉居して一奮発ありてはいかん。

幸に峨山和尚之如き英物あり一夏参して見ては如何。古人も道を求むる者は放身捨命を厭はすと。已にこの身を知らす何んそ妻子や妨害やあらん。キリストも余は平和之為に来らす、親と子と戦はせ云々とか云ふ語ありたる様に覚ゆ。これ余輩中々及ふ所にあらす、また口にすへき所にあらすと雖とも、道の為にする者は這般《しゃはん》の心懸なかるへからさるへきか。何事も涙なり、中々一通にてはいかぬ様なり(今に及んて大拙兄当時の心中思ひやらるゝなり)。

9　12月20日　**山本良吉**　金沢より　［思想の統一に至る道］

貴書ヲ拝読セリ。小生モ別ニ用事モナクハ手紙モ差上ケス左様御承知アレ。禅ノ一事ハ小生何事モ申上クルヲ得ス、唯大拙兄ニ御相談アレ。併シ君カ所謂思想ノ統一ニ達スルニハ如何ナル方法ニ由リ玉フ御考ニヤ。余ハ禅法ヲ最捷径《ショウケイ》ナラント思フナリ。之ノ捷径ニ由テスラ尚且統一ヲ得サル者ナラハ他ニ途ヲ求メタリトテ益ダメナルヘケレハ、余ハ所得ノ有無ニ関セス一生之ヲ修行シテ見ント思フナリ。

明治三十五(一九〇二)年

10　10月27日　**鈴木大拙**　〔封筒欠〕〔年推定〕　［soul-experience］

御申越のゼームス教授の The Varieties of Religious Experience〔宗教的経験の諸相〕とか申す書物余程面白きもの、由小生もどうか一読したき者に御座候。委《くわ》しき書名、出版会社、及ひ代価何卒御報知被下度奉願上候。

小生昨年の中にかの有名なる Otto Pfleiderer〔オットー・プフライデラー〕の宗教哲学を一

読したか、いかにも論理明晰首尾貫徹しよく整頓せる書物なるか唯それまでの事にてどうも religious life の味を知りたる人とは思はれす。logical syllogism〔論理的推理〕はいかに精細、確実なるも何たか造り花でも見たような心地、読了りて何等の得る所なし。

余は昨年より学校において倫理の講義をなし居り候。自救ふ事の漢〔難〕にして人に向つて道を説く、君乞ふ盲者か盲者を導くを笑ひ玉ふこと勿《なか》れ。これも余か今日の職務上已むを得さる所、恥を忍んでこの事をなすのみ、それに就て考ふるに今の西洋の倫理学といふ者は全く知識的研究にして、議論は精密てあるか人心の深き soul-experience に着目する者一もあるなし。全く自己の脚根下を忘却し去る。パンや水の成分を分析し説明したるも〔の〕あれともパンや水を〔ママ〕味をとく者なし、総《そう》に是虚偽の造物、人心に何の功能なきを覚ゆ。

余は今の倫理学者か学問的研究を後にし先つ古来の偉人か大なる soul-experience につきてその意義を研究せんことを望む。是即倫理の事実的研究なり。レッシングか古代の美術につきて美を論するをよめはハルトマンか審美学をよみしより幾層の趣味を感しまた美の真義を知りうるなり。余は倫理学より直に moral experience を論せるイハヾ画論の如き者を好む。而もかくの如き書は実に少し、近頃徒然にダンテの神曲をよむ、ダンテの如きはこの experience を有せる一人ならん。

余常にショーペンハウエルの意志を根本となす説及その reine Anschauung〔純粋直観〕の説はヘーゲルなとの Intellect を主とする説より遥に趣味あり且つ deep なりと思ふかいかん。

君か religious experience の話始めて承り面白く感し候。小生も数年前一たひこの事に心を傾けしより今日に至るまてこの事は一日も忘れ申さす、唯己の心の薄弱にして世の俗事にひかさるゝ恥しき有様より今日に至りて何等の得処なく不相変蠢々《しゅんしゅん》致し居り候。その上昨年は北条先生より舎監を命せられ全校生徒の教薫を双肩に荷担致し余程繁多なりしか今年先生か広島に転せらると共に小生も舎監を辞し、今は心静に坐禅と読書の外他念なく候。始の程は余程あせりいらだつ様に思ひしか今はずるくなりたるにや、心うちつき工夫致し居り候。雪門和尚の処へは時々独参に参り候。

今年まては無字(7)を参究致し居り候か雪門和尚は隻手《せきしゅ》(8)の方可ならんとて取りかへられ只今は隻手に向つて参究致し居り候。

余の如き境界にてかゝる事は云つてはすまぬかも知れぬか、余は独参しても仕方なき様に存し候。唯一心に公案を参究し日常の間に力を尽せは自ら悟る時あらん。和尚公案を許したりとて自分にて不満足なれは何の功もなし。

余は今の禅学者か余輩などの如き下根の者と違ひドン〳〵公案を透過し参玄(9)の上士を

以て居る人を見れとも、とうも日常の行事や言語の上において甚《はなはだ》感服せす、此等はいか丶のものにや。

　君の手紙は余に取りて非常の奮発心を与ふ、何卒時々宗教上の話をかきてくれ玉へ。余も俗界に頭出頭没しなからもこの事は必す成就せすんは死して瞑せさらんと欲す。君乞ふ余の微衷《びちゅう》を思ひくれられよ。

明治三十六(一九〇三)年

11　5月5日　**田部隆次**　金沢より　　[死は人生の常]

承り候へば御母堂様遂に御逝去被遊候由兼て御覚悟の事とは存じ候へども御愁傷の程奉推察候。死は人生の常とは申すもの丶人の死をきけば今更の様に思はれて厳粛の念に打たれ候。小生も已に父を亡ひ候が、小生は父に対しては随分不孝の行為も之あり今更悔まる丶も及ばず、亡き親がこの身の為に尽しくれし恩を思へば聊《いささか》にてもこの身を善事に用ふる他に心の慰め様も無御座候。早々頓首

12　7月13日　**藤岡作太郎**　〔封筒欠〕　　〔『近世絵画史』について〕

大兄には画の趣味は深く解せらゝ〔ママ〕る事と存し候か、小生の望む所はなお西洋の画論、美学なとを御渉猟ありて画を観察するにつきその主要なる研究点を脳中に学問的に確定せられんことに御座候。従来我国の画論の如きは鑑識家か自己の経験より成れる一種の直覚より論し精細なる概念的分析を欠くか故にその評論の如きも空漠にして人を益する事少なし。また画論に用る言語も従来のものは神韻 飄渺《ひょうびょう》とかいふ様なる曖昧の語多く読者をして明確〔ママ〕かなる理解を得せしむる事能はすと存し候。

日本の画史の如きは一人の研究としてあまりに大なる者か[10]も知れ申さす候。雪舟一人についても真正の研究は容易ならさるへし。されとも大兄の著の如きは兎も角も後進の指導となるの功没すへからすと存し候。画史その物とは間接の関係なれとも画は文学と同しく一代の思想を表はすもの[11]なれはその Zeitgeist〔時代精神〕や社会の事情と連関する事も多かるへく御存知のリュブケの如きはこの点において頗る議論明晰なる者ありし様に覚ゆ。

13　11月29日　**山本良吉**　金沢より　　〔無益に過ごした十年〕

御手紙拝見仕り候。小生よりは久しく御尋も不申失礼致居り候。如仰《おおせのごとく》今年ももはや暮に相成り余輩は大学卒業後十年の歳月を無益に消し去り候。小生も近頃何事をなしても成功の少なきを思ひ憤慨に堪へす候。兎角自己の思想か明鬯《めいちょう》ならす何事を考へて見ても思想かまとまらす甚た不快に存し候。しかし翻つて人生之問題に撞着せは些細なる学問に局促するもつまらぬ事にも思ひ、時々この臭肉を投して専《もっぱ》ら教育に従事する方反て余か心の安心を得る様にも思ひ候。

独語折角御勉強之由、今度御話之如き目的にて独語を学はるゝなれはやはり小説なと御読に相成り候方可ならん。しかし語学はかれこれの別なく多く読み慣れるか緊要と存し候。

この頃アレキサンダー氏の倫理学[12]を読み居り候。御話の如く思想精細分析に富み随分裨益する所多く有之候。余はウントの如き書よりはかくの如き introspective analysis〔内観分析〕の書を好み候。大西氏の倫理学[13]も一読致し候。思想は精細明晰にて面白く候。余は何とてかくの如くなる能はさるにやと思ひ候。

明治三十八（一九〇五）年

14　3月8日　山本良吉　金沢より　［形而上学への思い］

倫理の書も講義の必要上ありふれたる有名なる者は一通読みたり。しかしどうも余はメタフィヂックスよりせされは充分なる満足を得す。近頃はまた哲学史、知識論の研究を始めたるなり。倫理学には必しも此の如き研究を要せさるへし。而も余はどうもmetaphysical doubt〔形而上学的懐疑〕を脱する能はさるなり。余は此の如くにして益《ますます》隠遁的に傾くなり。学校の方も小生等は信用なく今の校長は小生なとか学生に宗教的談話をなすを喜はさるなり。とうも教育の方法か皮相的にして面白からぬなり。余も十年程は東京へゆきし事なし。一度行つて見たしと思へともエラキ学者達の説を聞くよりも山間の禅僧か真実なる訓戒をきく方価値ある様に覚ゆ。

明治三十九（一九〇六）年

15　3月21日　山本良吉　金沢より　〔自己の完成こそ大事業〕

御手紙拝見いたし候。過日は広島の方へお出懸の由。社会の事はとても実力のみにてゆくものにあらす好機を得るの外なく候。古来幾多の俊傑か時を得すして没したる者あるならん。しかし人は外に働き得さる時は内に働く者なり。自分か思ふ如き社会上の地位を得さる時は正に是自己の思想を練り徳を養ふの好時機にあらすや。余は此の如く心を定めて静に時を待ち居るなり。よし外には何の為す所なき〔も〕、自己の完成は人生の最も尚《とうと》ふへき大事業にあらすや。余は深く綱島梁川の病間録を感んす。高見いかん。

明治四十(一九〇七)年

16　1月14日　堀維孝　金沢より　〔愛児の死〕

拝啓　先日は種々御手数を煩はし奉謝候。その後北条先生よりも御手紙をくたされ京都の方はゆかぬことゝ相成り候。嘗て三竹君に名をつけてもらうた次女幽子昨年より重々の病気の処遂に去十一日死去いたし候。丁度五歳頃の愛らしき盛の時にて常に余の帰を迎へて御帰をいひし愛らしき顔や余か読書の際傍に坐せし大人しき姿や美しき唱歌の声やさては小さき身にて重き病に苦しみし哀れなる状態や一々明了に脳裡に浮ひ来りて誠に断腸の思ひに堪へす候。余は今度多少人間の真味を知りたる様に覚え候。小生の如き鈍き者は愛子《まなご》の死といふこと悲惨の境にあらされは真の人間といふものを理解し得すと考え候。草々

17　2月15日　**藤岡作太郎**　金沢より　〔哲学の一体系を完成したい〕

別封は小生が去年の夏休中病児看護の傍にてかきつけ当校学生に哲学の話をする原稿(14)と致したる者にて、元来小生の考の百分の一をも現はし居らす、かつ叙述も粗雑にてとても人に示すへき者には無御座候へとも、小生は大体か丶る考を本として哲学の一体系を完成いたし度と存し候。就いて〔ママ〕之に就いて元良《もとら》、井上(哲)先生の一覧を乞ひ度候。いつれ四月の始には一度上京致度と決心いたし候間その節二先生にも面会し二先生の批評を仰き度候。特に元良先生に見てもらひ度候。

18　7月11日　**藤岡作太郎**　〔封筒欠〕〔年月推定〕　〔東京に出て自己を練磨したい〕

拝復　御手紙拝見いたし候。色々御忠告被下御厚情之程奉感謝候。前言は多少病的な

るへく謹んて高教に服すへく候。

小生が東京へ出たいといふ考は人に知られたいといふ考よりはむしろ学問上の便宜を得んとするに御座候。勿論田舎に居ては学問ができぬではないが東京に居れは種々の便宜あることは明白と思ひ候。小生は自分の教を受ける人、自分を賛する人よりも自分を教ゆる人、自分を非難する人を要し自分に薫陶せらるゝ人よりも自分を薫陶する人を要し候。論文を出してもいつれの点が人に解せられいつれの点が人に解せられさるや、かゝる事は親切に批評しくれる人は少なければ逢ふて話しするの外なく候。著作者はかくの如き自己を理解し批評（マヽ）くれる社会を有することも必要かと存し候。田舎に居る人は田舎の弊を知り都に居る人は都の弊を知る、いつれも得失なきにあらす。余は蘊蓄といふことは田舎の方かよいかも知れぬが之を練磨完成するには都の方が可なりと存し候。余程の人物にあらさるよりは多少外界の刺激なる者が必要に御座候。夏目の productive にして熊本に居りては何者もできなかつたのを見ても分り候。

19　7月13日　**鈴木大拙**　〔封筒欠〕〔年推定〕　［余の働く場所は学問］

余の先度送つた者[15]は全く scientific の者だ、余は宗教的修養は終身之をつゝける積りだか余の働く場所は学問が最も余に適当でないかと思ふが、貴考いかん、今ては病気も一通り平癒したから、之からまた一つ思想を錬磨して見たいと思ふて居る、できるならは何か一冊の著作にして見たいと思ふ、これまでの哲学は多く論理の上に立てられたる者であるが余は心理の上に立て見たいと思ふ、近来 W. James 氏などの Pure experience〔純粋経験〕の説は余程面白いと思ふ、氏は Metaphysics をかくといふがまだ出来上らぬか、氏も已に六十以上ならん、西洋人は年老いても中々活動的だ、日本人はどうも早く老へ〔ママ〕る、食物によるか、または人種の先天的性質か。米国などでは余程勝れたといふ様な人物が居るか、米国で第一等の人物は多く商人となるといふが真か、

君が Sexual life の説はきゝたい者である、どうも西洋と日本とはこの点において非常に違ふかも知れない、Lafcadio Hearn の手紙集の中に日本人は自然その物の美を見るが西洋人は凡《すべ》て自然の美は人類特に婦人の美を透して之を見るといつて居る、また日本人は Sexual passion が少い故に深遠偉大ない〔ママ〕文学がないといつて居る、西洋ては凡て Sexes か文化の中心となり、東洋では Nature が中心となつて居る様のことはないか。

君か外交界に入るといふことについて余は外交界といふ者に経験がないから確な意見はいへぬ、しかし君にはちと不適当ではあるまいか、また外国に行き得るといつても欧洲とか印度亜米利加へでも行くことかできれはよいが、つまらぬ国へやられては何の面

白味もあるまい。

明治四十一(一九〇八)年

20　1月7日　**河合良成**　金沢より　［人格の修養］

君が当分専門外の者に手をのばす余裕がなければその方は暫くやめて置いても可ならんと存じ候。多ならんよりも一に専なるこそ尚《とうと》ぶべく候。頭脳の明不明と人格の問題とは無関係と存じ候。人格修養は頭脳の明不明に関せず凡ての根本に御座候。一日もこの修養を怠るまじく候。何でも確固たる自家の主義信仰を養成する事緊要に御座候。君にもう少し必要なのは蓋《けだ》し謹厚の性格と存じ候。この点は深く御涵養の程奉祈候。人格の修養は猛烈なる意思を養ふと共に人生に対する高尚なる見識を養ふ事を怠るべからずと存じ候。

21　3月14日　**田部隆次**　金沢より　［著作の執筆を進める］

小生は昨年より大に健康に注意せし功ありて今年は大分よし。唯気をこめて勉学すれば胸部に少しく異様の感ある様なれどもこれも気のせゐなるべし。一医師は異状なしと申居れり。この頃は少しづゝ例の哲学の論を書いて居る。実在論の一の辺を敷衍して五、六十頁の物にせんと思ふなり。人の書物をよんでホラを吹き居れば何でもない様だがさて自分がやつて見ると誠にナサケナキ次第なり。自分ながら鈍才に驚く。とても世に示すやうな者はできそうにもなき也。

先度イプセンの Hedda Gabler〔ヘッダ・ガーブラー〕をよんで見た。どうもイプセンはよく分らぬが何だかイプセンには余程深い所があつて自分を動かすやうな感がする。イプセンの人物には普通の合理的といふやうな平凡な表面的の生活に安んぜずして、深き生命を求めて居る所がある。

22　7月16日　田部隆次　金沢より　〔東大講師への誘い〕

しかし井上さんの話せられたといふやうの事が確実に九月より成立するといふならば好機会と存じ候故他に私立学校でも働いてどうかかうか合せて百円近くの金がとれゝば出京を決し度と存じ候。大学の講師といふのは如何程くれ候ものにや。

堀田の方よりも同時に手紙参り候故すぐ返事致し置き候。小生の専門は純正哲学(Metaphysics)及認識論(Theory of Knowledge. Erkenntnislehre)に御座候。倫理学は専門にあらず、学校にある故已むを得ず講じ居り候。但し哲学には Practical part なかるべからず、Praktische Philosophie〔実践哲学〕及 Religionsphilosophie〔宗教哲学〕は哲学体系の sequence として研究致し居り候。倫理でも哲学でも歴史は凡て好まず極めて不得意に候。僕は文学ならば文学史家または研究者にあらず創作者の方に候。故に僕の説は偏なるを免れず、大学に講じても popular なることを得ずと存じ候。

今は凡て小生の秘密を大兄に申上げ候。必ず〳〵御他言被下間敷候。北条さんの口といふのは実は学習院に御座候。これはこの春より話あり、今空位さへできればすぐ小生が入り得ることに内定致し居り候。〔中略〕

堀田にも一寸と頼んで置いたが井上さんは真に小生が出京すればすぐ大学に入れる積りなりや。そはこの九月からといふ意味なりや、九月以後にては不可なりや。小生は多分遠からず学習院の方が成功するやうに思ふ。その時からといふのでは大学の方は時機を失するや。成程『東亜の光』に一号だけ小生の文をのせず不思議に存じ居り候。御申越の如き事情のありたるならん。小生はあまり井上さんの学術に感服せず、先生の事は悪口無礼せし事もあるが先生は余の説に余程同情せらるは不思議なり。今は先生は余の知己の一人なるが人はあまり悪口もできぬ者なり。呵々

23　11月9日　**堀維孝**　金沢より　［坐禅を怠っている］

小生も数年来は雪門老師の居られぬのと学問の方を頭をつき込み候とにて坐禅の方は全く怠り誠に慚愧の至りに御座候。何とかして今後また一奮発せねばならぬと存し居り候。唯近来健康が充分にならぬもの故何事も思ひ切つた事ができす数日前もあまりの無聊に苦しむ、多少筆を把り候処どうも工合あしく候故またやめ候。少々頭を用ゆる時はすぐ不眠症に陥るとなお時々胸に異様の感覚あるので困り居り候。小生も来年は四十に相成り回顧すれば何一つ纏つた事ができたでもなく今後幾年生き得るは知らぬが何だか日暮れて途遠しの感なき能はず候。

24　12月1日　**藤岡作太郎**　金沢より　［『精神界』の佐々木月樵論文］

先日は精神界御送り被下難有奉存候。佐々木氏の文(16)一読電気に打たれたる如き感を致し候。実地より来る者は凡て美し、たゞ我々はいつもこの美しき感情を持続する能はさる事慚愧の至りに候。

25　12月1日　**堀維孝**　金沢より　［自然主義について］

御手紙拝見致し候。当地は先月に入りてより以来殆んと雨天のみにて散歩もできず不快この上なく候へども小生は幸に健全にて風もひかず未た一度も学校を休みし事もなく候。御休神被下度候。西君とVarieties of Religious Experience〔宗教的経験の諸相〕を御会読の由そは興味ある事と存し候。小生もかの書は嘗て一読致し候事有之候。小生も宗教に就いて愚見の大要だけを書いて見度と思ひ居り候。その節はまた御教示を仰き度と存じ居り候。青年が自然主義にかぶれ居る事は御校に限つた訳にあらず慨嘆の至りに候。自然主義も文芸の一派としてあながち排斥すべきものにあらずと存じ候へども未た文芸の何物たるやも知らすまた真の自然主義をも理解せぬ様の乳臭児が自然主義の演説など沙汰の限りと存じ候。

明治四十二(一九〇九)年

26

1月11日　**田部隆次**　金沢より　〔ラフカディオ・ハーン〕

ヘルンさんの伝折角御計画の由、今後は書く方に御勉強の程奉祈候。読み、考へることは固より必要に候。かく方が思想が精細ともなり明確にもなる様に候。漫然書をよむは物見遊山と異なる所なかるべく候。ヘルンさんのものは小生多くは知らぬがExotics & Retrospectives〔異国情趣と回顧〕やShadowings〔影〕は面白しと存じ候。前者の終の方の短文の如きいづれも面白く候。ヘルンといふ人は非常に微妙なるinsightをもつて居た人で、普通の人が平凡に物質の作用と見てゐるものの底に深き[17] spiritual meaningを感じた人と思ひ候。たとへばfrisson〔身震い〕とかazure psychology〔青の心理学〕とか単純なる一感覚の底にも深き意味を見認《〔ママ〕》め居り候。先生の手紙の中にGautier〔ゴーティエ〕の文を訳して、今相愛する一対の鳩の体の中に希臘《ギリシャ》時代愛の神の彫刻の土塊が入りて居るかも知れぬといふやうな事を美しくかきたるものあり、小生は一読無限の感にうたれたること有之候。かくの如く考へれば眼前の事々物々いづれも深きいはれ因縁あり、非常に趣味あることになるべく候。世に物体の機械的作用といふ如き無趣味の者はなくなるべく候。

第二部　西田哲学の構築——京都大学時代

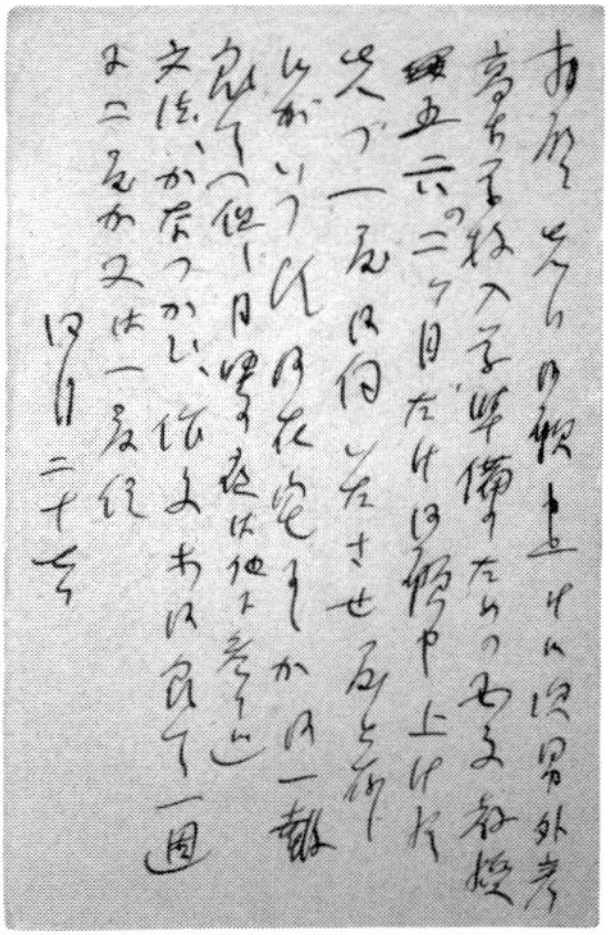

1919年4月27日，務台理作宛葉書
(石川県西田幾多郎記念哲学館蔵)

明治四十三(一九一〇)年

27　2月11日　堀維孝　東京より

[旧友藤岡作太郎死去]

拝啓　旧友藤岡東圃逝去につき厚き御同情をこめさせられたる御手紙を辱《かたじけの》ふし感謝の至りに不堪候。実は藤岡も昨年逢ひ候時以来どうも大分衰弱致し居り候様にて旧とは大分変り候やう思ひ居り候へどもかく俄に死し去るものとは夢にも知らず、特にこの正月共に大磯に居り候頃は大に元気よろしく終日談論、時に海辺に散歩し、時に背後の山に登るなといふ有様なり。死する前夜までも人と話し居り候如き次第にて友人も家族も藤岡自身も毫も死を覚悟し居らさりし事にていたく驚き候。大磯にて余を送りて停車場に来り久しく汽車の出立を目送し居たる時の顔貌今尚目前に浮ひ出てゝ涙の種に御座候。公にして当世比なき一文学史家を失ひ、私にして二十五年来の親友を失ひし事悲哀の念に不堪候。生前の御厚情は小生より厚く御礼申上候。由夫と申すは八歳の遺子にして後に一女一男の遺児有之候。

28　4月9日　山本良吉　東京より　［京大への転任の話］

次に小生の一身上の事につき貴兄及松本君において一方ならぬ御配慮を蒙り御芳情の程感謝の至りに堪へず候。何か小生自身に欠点ありとか他に適任の人ありとかいふ事ならば致方無之候へども、単に位置の高下といふ如き事が真因ならば多少遺憾の感なき能はず候。特に桑木(1)氏の如きは時代において小生より一、二年の後なるべきも、その学識、材幹、履歴においては固より小生と同日の談にあらず、同氏にしてかゝる考を有せらるゝはちと意表に存じられ候。友枝(2)氏は幾分かかゝる考も有之候かも知らぬが、小生は所謂世俗的地位において同氏の下にあるとも何等の介意する所なし。もし小生にして可能ならば真面目に同氏を助けて京大の倫理科の為に尽し度候。小生は唯時間の余裕と充分の書籍とを得て自由の研究ができれは満足之にすぎたる事なしと存し候。万不得已《やむをえず》は講師といふ如き事にても可ならずや。いつまでも自信なき独語を教へ居るは心苦しく候。

29　9月12日　佐々木月樵　京都より　［慈父のような親鸞］

拝啓　時下秋冷日に加はり候処尊兄始め在洞の諸兄(3)御障も御座なく候か。本日は高著親鸞上人伝及叢書拝受致し非常に悦ひ候。上人伝の方は先日木場兄より拝借致し一読致し候が全篇敬虔の念と渇仰の情とを以て描かれ親鸞その人の人格に接する如き心地して難有感せられ候。叢書の方も是非通読致し度と楽み居〔この間に脱落あるか〕めは愛の中にもいかにも凜乎として一剣《いっけん》天によつて寒き趣あり、何処か近〔づ〕き難くもかんぜられ候が親鸞上人に至つては小春の日和の如く静に温く何事も打明け相談のできるわか慈父に接する如き心地いたし候。多田、暁烏《あけがらす》、木場等知己諸兄によろしく、数藤さんの御病気はいかん。早々

30　9月29日　**田部隆次**　京都より〔はがき〕　〔京大での講義〕

拝啓　その後は御変もなきか。けふも中目君に逢うた。京都の新居住どうもまだうちつかぬ、何となく東京がこひしい。仕事はこれまでと違ひ非常に面白くいくらでもやりたいがどうも身体がわるい様で甚だ困る。講義は一週四時間甚ノンキの様である、それだけ草稿を作るには中々骨が折れる。学習院では労働者の様に家にかやれば何もする事がなかつたがこちらでは始終追はれて居る感がして中々ノンキどころではない。

31　10月21日　**紀平正美**　京都より　〔『善の研究』の出版〕

拝啓　御手紙拝見仕り候。御手紙により小生もなるべくは実在とか純粋経験とかいふ

字を入れ度と思ひちと考へて見候へどもよき考も出て不申候。御申越の如く本屋のいふのも無理なき事と存し候故御考の如く「善の研究」といふ様なことにいたし今度は第一篇実在、第二篇善、第三篇宗教、第四篇純粋経験といふ風にいたし候てはいかん。しかすれば一寸書名に適するやうになり不申候か。「善の研究」として始にあまり認識論や哲学のやうな事のみ多くては読者が変に感せすやと思ふ。勿論極めて根底より出立したものとすればそれにても一応道理は立つ訳なれども。貴考いかん。

その他本屋との契約の如きはすべて御任申上候。

御多忙中種々御手数を煩はし誠に相済不申候。

32　11月6日　**紀平正美**　京都より　[『善の研究』序文]

拙著につき種々御親切に御考へ被下御厚情謝するに辞なく候。序文は御両君の御決意により別紙の如くにかき直して見候が御一読被下更に御批評願上候。小生の独知論とせしは Solipsismus の積に有之、之は独我論として置きてよきや。何ても Solipsismus の現今通用する訳に御改め願上候。また理想的の処はフィヒテ以後の超越哲学(Transcendentalphilosophie)のつもりにてかく改め候がいかん。この名の事も御一考の上よく人に小生の考が分る様に御改め被下度願上候。また原語に der Kerl, der speculiert とあるを「思索する奴」とせしがいかん。思索と訳してよきか、人に分り難しとあらば原語のまゝ仮名にてかきてもよろしからんか。

本日弘道館より手紙来り「同種類を出版する云々」の条は別に深き考もなければ削りてもよしと申来り候。小生は何卒この条は削りてもらへは満足に存し候。勿論小生は今後この書と同しき者を出版し弘道館に累を及ほす如き事は無之候が唯小生が今後云はんと欲する問題及ひ之に対する小生の考はこの書のものより非常に動くことはなかるべしと存しられ候故同種といふことを広く解すれは同種とも見らるべく候。

セームス御読の由、もとよりたいしたものにあらす、唯経験より出立してあの様な事をいふのは面白からずや。ゼームスもう少し早くからあの如き研究をしたらもう少し纏つたものになつたか知らぬがあまり晩年であつた。セームスの会には何か話されたか。

得能兄にも謝意を通しられよ。

明治四十五・大正元(一九一二)年

33　3月20日　堀維孝　京都より　〔リップスの美学〕

御端書拝見仕り候。Volkelt〔フォルケルト〕及び Lipps〔リップス〕二氏の美学は未た英訳のあるを聞かす多分之なかるべしと存じ候。元来英国程美学を軽視して居る国はなし、英国には美学としてロクな〔もの〕は無之候。Knight〔ナイト〕や Bosanquet〔ボーサンケト〕の書もつまらぬものと存じ候。日本文にては大分古きものなれども森鷗外氏がハルトマンの美学の抄訳を出し次にまた Volkelt の Aesthetische Zeitfragen（美学上の時事問題）の抄訳を出したる事なり、その名は「審美綱領」とかいふ名ではなかつたかと思ふ。たしか春陽堂の出版なるか、しかし Aesth. Zeitfragen は大分古きものなりかつ君の求めらるゝは Volkelt の System der Aesthetik〔美学体系〕の方なるべし。Volkelt も Lipps も現今では美学において一家を成せる大家なるべし。しかし余は Volkelt より Lipps を好む。Lipps は非常に面白し。

34　6月12日　宮本和吉　京都より

［高橋里美の『善の研究』書評］

御手紙拝見仕り候。今月の「哲学雑誌」は未だ落手致さず候へども先月の雑誌に出でたる高橋文学士の拙著に対する批評[4]を一読いたし同君が未熟の拙著に対し精細に御批評くだされたる御厚情を深く感謝候。御手紙なくとも完結の上は小生が目下の力にて御答しうるだけの答をかき度と存じ居候。

35　9月3日　宮本和吉　京都より

［高橋里美の書評に答える］

拝啓　残暑難凌《しのぎがたき》候《こう》に候処貴兄御変りも御座なく候か。さて先日御約束申上げ候高橋君の批評に対する小生の答[5]を只今御郵送申上げ候。しかし小生の現今の考にても「善の研究」にはいろ〳〵未熟の処や不完全の処が多く高橋君の如き批評にして十分之を明晰にせんは容易の業にあらず。只今差上げ候ものは極めて不完全なるものにて何等の答弁にもなり居らず却て疑惑を益すのみなる様に思はれ甚心苦しき次第に候へども先づ御約束いたし書き候もの故御送り申上げ候。御掲載と否とは一つに貴彦に任せ可申候。高橋君に対しても何卒この意志を御伝へ被下度かつ小生が昨年八月九月の芸文に出した「認識論に於ける純論理派の主張に就て」や「法則」などこの答と併せて御読みくだされる

様御伝へ被下度右御手数ながら奉願上候。早々

36　9月17日　**田部隆次**　京都より　［乃木希典の自害］

拝啓　乃木さん御夫婦の自害は実に非常なる感動を与へました。特に小生の如き僅か一年程とはいへ日々将軍に接し居りしもの風貌今尚眼前に髣髴たる様に思はる、貴兄など尚更のことゝ思ふ。あの様な真面目の人に対しては我らは誠にすまぬ感じがする。乃木さんの死といふ様なことが、何卒不真面目なる今日の日本国民に多大の刺戟を与へねばならぬ。乃木さんの死についてかれこれ理窟をいふ人があるが、この間何等の理窟を容るべき余地がない。近来明治天皇の御崩御と将軍の自害ほど感動を与へたものはない。

大正二(一九一三)年

37　10月3日　**田部隆次**　京都より　［金沢時代の思い出］

拝啓　追々秋の時候に入り候。特に今夜は風吹き雨ふり初秋の淋しみ一入《ひとしお》深く感ぜられ候。御全家御障りもなきか。今夜は淋しさにつれて色々金沢時代のことなど思ひ浮べ

候。小生が今から回顧して面白かつたと思ふのは二十歳前後の第四に生徒たりし時心置きなき同窓と夜を徹して高言放論したる時代と、三十歳頃再び第四の教師となりて貴兄などと三々塾(6)の会に夜をふかし霧を破つて医王山《いおうぜん》(7)に登つた時代の様に候。今は彼の時代と違つて何だか枯渇した生活を送り居る様に存じられ候。年の所為か健康の衰へたるかとても彼の時代の如き英気は之なく候。人と長く議論などはできず二時間位講義をつゞけて帰つても疲れてしばらく何もできず候。従つて多く読書したり朝など早く起きて思索したりすることはできず、怠惰の生活を送り居る様に思はれ、これではならぬと思ふが致方なく候。さりとて何処が病気といふ訳には御座なく候。学問や芸術は何のかのといつた所で人生の真の味は死生の間に出入する至誠一念の生活の外になしと存じ候。

大正三(一九一四)年

38　1月1日　田辺元　京都より　[マールブルク学派とフッサールの研究]

賀正　益専門の方御研究の由奉賀候。西南派(8)の方は大分注意される様に相成り候様なるがマールブルグ派の方はまだ何も理解せられて居らぬ様にて何卒根底より詳しく深く御研究ありてまた一派のみに拘泥せず旧きはカント、フィヒテ、ヘーゲルより、新しきはウィンデルバント、コーヘン、ベルグソンなどの思想の根底を咀嚼し何か自分に生きたものを造出せられる様切望の至に不堪候。既に御存じの御事と存じ候が Husserl は Jahrbuch für Philosophie u. phänomenologische Forschung〔哲学および現象学研究年報〕の中に嘗て氏がローゴス第一巻第三冊にて発表せし考を詳しく主張致候。また久しく絶版なりし氏の論理学も新版ができ候。Husserl も中々面白いと存じ候。かくの如き厳密な学者が学界に知られずオイケンの如きものが唱導せらるるは慨嘆の至りに候。先日 Natorp〔ナトルプ〕の Allgemeine Psychologie〔一般心理学〕をよみ候。一寸面白く感じ候。まだ十分明晰ならざる所も有之候が。

39　4月2日　田辺元　京都より　〔認識論の問題と経験的方法〕

拝啓　先日御送り被下御論文[9]この休に相成り候てより能く熟読いたし候。先づ今日の所謂論理主義の認識論には限界がある、認識論の問題を随意に制限することなく残りなく解決するには之を補ふに経験的方法によらねばならぬといふ御考は小生も全然同意に御座候。この問題を解せざれは我々はいつまでもカントの立場以上に出づるを得ず、従つてカントの難点はいつまでも除くを得すと存し候。小生はこれが今日認識論の発展し行く途にあらざるかと存じ候。而してこの問題を解くには直観の性質を明にし之と思惟との関係を明にすることにあらざるかと存じ候。(但し貴兄が単に「経験的方法」といはるゝ語は従来の経験といふこととの誤解を招く恐ありと存し候。何か語を換へて然るべきか。)

マールブルヒ派の根本的思想の叙述について間然する所なしと存じ候。マールブルヒ派とヘーゲルとの区別に関するも御考〔ママ〕もその当を得たるものと考へ候。マ派は大にフィヒテ、ヘーゲルに似て居る所もあるが御考の如く何処までも erkenntnistheoretisch〔認識論的〕であつてヘーゲルの metaphysisch〔形而上学的〕なると異なり居り候。ヘーゲルの思惟は実在その物の creative activity たるに反し、コーヘンなどの思惟は西南派とは異なるにせよ畢竟《ひっきょう》形式の創造力であつて従つて貴考の如く思惟に対する直接経験的所与を予想し居ると存じ候。しかし貴兄もいはるゝ如くマ派のこの所与に対する考は頗る不明瞭であつて難解の点であると存じ候。

40　4月14日　田辺元　京都より　［「自覚に於ける直観と反省」］

小生の今かき居る「自覚に於ける直観と反省」といふのは自分では従来の考を一層深く詳細にいたし度積りにてかき居り候が何分自分の考が定まらぬのと今学年は学校で心

理やら宗教やら自分の専門外のものの講義をせねばならぬのでさういふ方面に力を取られ専心につゞいて考へることができぬ。繰返したり岐路に入つたり実に不体裁のものにて候。元来未た人に示すべきもの、世に発表すべきものにあらず唯自分の勉強の為めかき居るものにて一つの草稿にすぎず候。しかし終り候はゞ一つ御批評を仰き度それによつて更に考究致度存し居り候。まだ大分つゞくつもり故完結の上にて願ふ方よろしきかと存し居り候。

大正四(一九一五)年

41　1月7日　田辺元　京都より　〔独墺学派の内観的分析〕

鎌倉よりの御手紙拝見いたし候。Meinong〔マイノング〕, Twardowski〔トワルドウスキー〕など御読の由無論此等の人々の考は未たリッケルトなどのいふ如き reine Logik〔純粋論理学〕の考から見れは不十分の処も有之又言語の外形に捉はれる処も有之小生も貴考の如くに考へ候が唯小生は此等の人々の深き introspektive Analyse〔内観的分析〕に興味を有し此等の人々の考も十分咀嚼同化して見度と存じ居り候。Russell〔ラッセル〕といふ人の学問の系統はよく知らぬが必ずMeinongあたりの感化を受けて居ると存じ候。なおBolzano〔ボルツァーノ〕, Husserlなども御攻究の程奉祈候。

42　2月8日　宮本和吉　京都より　[大学以来の歩みについて]

マールブルク派は御論文にもありたる如く自然科学に偏する傾向あり、貴兄はやはり一つKultur-Philosophie〔文化哲学〕の方を深く御研究に相成りてはいかん。自然科学の方の認識論は大分論ぜられ大体明になつて居ると思ふがKulturwissenschaft〔文化科学〕とかGeisteswissenschaft〔精神科学〕とかいふ方の認識論はまだ何等の研究もできて居らぬかと存じ候。此方に認識論上開拓すべき荒地有之と存じ候。しかしそれにしても先づ自然科学の認識論を十分に理解し置く必要有之と存じ候。その為めCohenなどは先づ十分に研究すべき価値あるものと存じ候。小生も晩学ながら驥尾《きび》に附してさういふ方から宗教哲学などいふ方へも研究して行つて見たいと存じ居り候。

天成の偉人ならばいざ知らず哲学といふ学問程人をして貴兄の所謂絶望的孤独の感を催さしむるものなしと存じ候。小生の如き哲学をやると決心して大学に入りし一年にして已に大なる絶望に陥り大学を出て北国の隅に蟄居しながら二、三年もなお大にこの煩悶に苦み居り候。その中流れゆくものは歳月のみにて今更に新なるstartをなすこともできず曲りなりにもこれまでの途を進み行く外途なきことと相成り候。天分の薄き上に人生の best years を語学の教師に消費して日暮れて途遠しの感なき能はず候。

43　2月18日　田辺元　京都より　［連続の問題］

御手紙拝見いたし候。自然数に関する御研究拝見いたし度待ち居り候。小生も幼時は数学に興味をもち居り数学を専攻しようと考へ居り候こともあれどその後全くやらぬものから今は全く分らず中学程度の数学も怪しく困り居り候。

連続の問題は小生も非常に興味を有し居り候。御説の如くコーエンなどの Infinitesimal〔微分（無限小）〕の考は Element〔元（要素）〕より出立する近頃の数学の考とは相反する様に考へられ候。コーエンは Leibniz 時代の数学の考が基となり居る様に候。しかし近頃の数学も Element を考へるには已に之を統一する System を予想し居るのではないか。何等かの意味において das Ganze〔全体〕を考へ居るにはあらさるか。コーエンの Infinitesimal をすべて数学の基とするは誤とするもなお一層 allgemein〔一般的〕な fundamental〔基礎的〕な意味において das Ganze を考へ居るにてはあらさるかと考へ候が御高説いかゝ。

44　7月12日　田辺元　京都より　〔論理学の研究の必要性〕

拝啓　先日は独文の自然数論御送り被下御芳情奉謝候。その後先達て哲学雑誌へ御出しに相成り候もの(10)と今度の独文にて御出版のものとを合せ熟読いたし候。小生には哲学雑誌に書かれた元のものの方が独文のものよりズット詳しく面白味が多い様に存じられ候。独文の方は非常に concise で clear でありまた極めて無難であるとは存じ候が前者の方がより多く示唆的ではないかと存じられ候。〔中略〕

要するには〔ママ〕御論文は数の基礎を論するものとしては十分なる立派の論文と存じ候が貴兄がなお進んで御研究になるには思惟に関する論理的及ひ認識論的研究及び「十」の始めに論じられた様な Royce の所謂 Self representative System〔自己代表的体系〕の如きものについてについて〔ママ〕深き哲学的思索を要することと存じ候（つまり我田引水かも知らぬが主観と反省との深き研究を要することと存じ候）。数学や物理学の基礎の研究と共に此等の議論の根本となる研究がなお一層必要と存じ候。論理については、

Hegel, Logik. Lotze, Logik. Sigwart, Logik. Bradley, Principle of Logic〔論理学原理〕など読むべき書物と存じ候。それから小生は Husserl の Log. Untersuchungen〔論理学研究〕は非常に valuable な本と存じ候。Husserl はいづれかといへば statical analytical の

考へ方に偏し、小生は寧ろ Cohen などの考により多く同感いたし候へども何分 Husserl の実に精緻なる研究は非常に有益と存じられ候。あの人は実に有力者にて候。是非 Husserl の御研究御勧め申上け候。先づ Bolzano と Brentano〔ブレンターノ〕とを考へ次に Twardowski を考へそれから Husserl を考へて見るとよく分り候(Bolzano が Logismus〔論理主義〕の立場でいひ、Brentano が Psych.〔心理学〕の立場でいつた事が Husserl にてその結合関係が考へられ哲学的に進んで居る)。Bolzano や Brentano の考が Husserl に発展し来《〔ママ〕》られるものと存じ候。小生はこの九月より之を講して見ようかと存じ居り候。

大正五(一九一六)年

45 5月9日 **田辺元** 京都より [深き哲学に必要なもの]

御手紙拝見いたし候。その後如何遊ばされ候かと思ひ御尋申上げんと存じ居りながら彼是取紛れ失礼いたし居り候。承り候へば御令閨《ごれいけい》御病気肺尖《はいせん》にて御転地遊ばされ候由御心痛の程深く奉推察候。哲学が生きた力となるといふことは中々容易のことには無之と存じ候が真の哲学はどうしてもそこまで行かねばならぬかと存じ候。この点においては古来Spinozaの如きものなかるべく実に哲学に従事するものの範とすべきものと存じ候。Marcus AureliusはStoic〔ストア主義者〕の中にて特にwarmnessのあるものの様に候。但しBibleはそれにもまして深く尊きものの様に候。しかし小生の信する所によれば真に心の落付きを与ふるものは禅の外な〔か〕るべしと存じ候。唯禅といふものは中々容易に入り難きものの様に聞き居り候。先づ禅の法話など御読みの方可然《しかるべき》かと存じ候。小生の竹馬の友に鈴木貞太郎大拙(学習院教授)といふものあり、かれは久しく禅に入り居り候。いつか東京へ御出懸の時は御尋ありてて〔ママ〕はいかん、かれの近頃かきしものに「禅の立場から」「禅の第一義」[11]まだ一つ何とかいふ書あり。Maeterlinck, Wisdom & Destiny〔知恵と運命〕などいかゝ、小生は嘗て綱島梁川の書病間録回光録等、清沢氏の我信念等面白く思ひ候。

兎に角貴兄の今度の経験は貴兄にとりて誠にこの上なき試錬と存じ候。真の哲学は意識の上にあらず我を潰して出て来らざるへからすと存じ候。我々は我々の小さき力を信し種々の都合よきplan[12]を有す、こゝに誤ありと存じ候。Paulが[13]もはや我生きる〔に〕あらず基督我にあつて生くと云ひ、懸崖に手を撒して絶後に蘇生するといふ所に宇宙の大真理あり。この外に宗教も哲学も無之と存じられ候(これは小生などの口にし得ること

にあらす単に古人の口まねにて候）。〔中略〕
芸文の御論文(14)拝読全然同意愉快に存じ候。御心労中特に御執筆被下此段深く奉感謝候。真に深き哲学に入るには純知識の方の外に宗教とか芸術と〔か〕の Erlebnis〔体験〕も必要かと存じ候。

46　10月12日　**田部隆次**　京都より　〔長男と長女のこと〕

如仰《おおせのごとく》長男事少しのことで第三の方を失敗いたし、ぶらつかねばならぬので閉口いたし候。弥生毎度罷出《まかりで》御邪魔いたし奉謝候。かれも来春は卒業いたすべく候。何処かよい所があれば無論やり度と存じ候へども此の如き事は真に所謂縁と申すものゆゑ何時その機に逢ふか分らず、兎に角卒業せば京都につれ来り京都の学校へ出し度と存じ候。

大正六（一九一七）年

47　1月17日　**田辺元**　京都より　〔群論について〕

負数及ひ虚数の御論文(15)はとくに拝読いたし候。数学の detail は小生には分り兼ね候。

認識論上の御考は小生もかねて朧げに考へ居たることが明に精しく express せられたる如き心地いたし候。小生は Gruppentheorie〔群論〕のことはよく分り不申候が何だか小生がかねて申し居り候自覚的体系の complete expression は group〔群〕であつてこれが思惟の具体的形式であり数も Group 幾何も Group といふ風にて根本的に結合せられるのではないかと考へられ候がいかゝのものにか、他日一つこの考をかいて見て御高教を得度と存じ居り候。

48　2月1日　田辺元　京都より　〔哲学には科学的思考と詩人的性格が必要〕

御手紙拝見及び御論文[16]慥《たしか》に落手いたし候。小生不眠症につき御配慮被下難有奉鳴謝候。これは数年来の宿痾《しゅくあ》に候か、薬を用ゆると習慣となることを恐れ候故なるべく薬を用ゐす昨年来は朝鮮人蔘をのみ居り候。いくらかよい様に候。しかしこれてもだめと相成り候節は薬を用ゆるの外なしと存じ居候。〔中略〕

いろ〳〵やつて見たきこと多く有之候へども中々仕事が進まず候。カントール無限の考などもいろ〳〵哲学の方に benutzen〔利用する〕し得る様に考へ居り候。しかし哲学をやるものは一方に厳密なる科学的思考を養ふと共に一方に詩人的性格を養はざるへからずと存じ候。

小生はもう二、三月の中に「自覚――」を一先づやめ今後は問題を分けて明了に精細に論して見たいと考へ候。しかし「自覚――」は（読者に対し随分無責任のものながら）岩波君の求もありまとめて出版して見たいと存じ居り候。就ては小生は随分他人の書をよむのか粗略なり小生の書きた〔ママ〕中に誤も多からんと存じ候。何卒そういふ点にて御心付の処あらば御遠慮なく御指摘被下度願上候。またあまり前後矛盾する所とか不明瞭な所とか御気付の処も願上候。わざ〳〵御読被下候はずともこれまで御読被下候中にて自然御気付の所にて結構に候。あの論文はもはや貴兄と中川(17)の外によみくれる人なしと存じ候。早々

49　2月12日　田辺元　京都より　〔田辺元の学位論文〕

これまで御書きになりたる数学哲学に関する御論文をまとめて御出版になることは小生かねて御勧めいたさんと存じ居り候事なりかつ之を学位論文として御提出のことも至極賛成に御座候。小生はこれまで御書きになり候御論文にて学位を得る価値は十分に有之と信し候。また学位を得るといふこと勿論学者にとつて左程重要視すべきことにあらずと存じ候が、一般の人々から認めらるればそれにて何かと御研究の便宜を得ることもあるべく特に御地にて御中越の如き事情もあらば、是非学位を御請求の様御勧め申候。

なるべく早く御運ひになる方希望いたし候。

御論文(18)を東京へ出すか京都へ出すかに就ては小生の考では京都へ御出しの様ならば小生及ばすながら御尽力可致大低〔ママ〕教授会にても通過可致と存じ候が唯貴兄の御将来の方を考へて之がため東京の諸先輩の感情を悪しくする如きことあつては貴兄の為に如何かといふ点を案じ候。この点を一つ御熟考被遊度候。

50　4月30日　**宮本和吉**　京都より

［いかなる人も哲学者なり］

貴兄とは真に折入つて御話をする機会なかりしが「具体的に哲学的 Arbeit〔仕事〕をすることに依つて種々の念慮を排する云々」の御言は必ずその通りならんと存じ候。この考を以て努力せられんことを希望いたし候。唯哲学といふ学問は他の自然科学などに比してつかみ所を得ることがむつかしく多少の努力忍耐を要することと存じ候。その代り自然科学などでは生涯努力したことが何等の結果を得ずして終る如きこともあらんと存じ候が如何なる人も生来各自の立場において一個の Philosoph〔哲学者〕たることを得るものにあらずやと存じ候。

51　7月4日　三木清　京都より〔はがき〕　〔最初の西田訪問のあとで〕

先日[19]カントの純理批判を御送りする様約束いたし候が無之候故、学校の本を御貸し申候。九月御入洛の節は貴兄の名にて正式に学校より御借受被下度候。早々

大正七(一九一八)年

52　7月23日　田辺元　金沢より　〔田辺を京大に招く案〕

拝啓　その後御健康いかゞに候か。小生は老母病気のため急いて当地に参り候。来月四、五日頃まで滞在の積りに候。

これは全く小生の頭にだけある事にて成否は勿論分り申さず候へども小生は機を見て貴兄を京都の文科の助教授位に推薦して見ようと存じ居り候が御考いかゞに候か。しかし貴兄のことは東京にても他日採用する考があるらしくそれよりも早く東北の文科[20](これはできるらしく候)の方にて貴兄を要するならんと存じ候。さうすれば今京都にて貴兄を用ゆることは貴兄の為に利益なるや否やを疑はれ候。東北文科ができるとすれば貴

兄は多分直に重要の地位に就くを得べく京都では助教授の外致方無之と存じ候。東京でも助教授の外なかるべく候が東京の方はどうしても京都より重きをなすならんと存じ候。右の如く考へ候故、小生は決して貴兄に御勧め申さず候。唯小生は右の如き考を有し居り候故この考を試みるに先《さきだ》ち、先づ貴兄の御遠慮なき御考を承り置き度と存じ候。何卒御熟考の上御返事願上候。

今度の学位授与の件につきては東京の人の中には小生が貴兄を懐柔して京都へ採らんとするなどとくたらぬ考を有し居る人もあり狩野さんの如き方でも貴兄が論文を京都へ出さるゝ節貴兄のために不利益と考へらる旨小生へ御話有之候様に記憶いたし居り貴兄を京都へ取るといふことは狩野様なども不賛成ではないかと思はれ候。小生は前にも申上け候如く決して御勧めして貴兄を京都へ取るなどいふ如き考は毫も無之唯貴兄御希望ならば(多分遠からず)機会なきもあらずと考へ候故申上くるまでにて候。御熟考の上先輩にも御相談被遊御返事願上候。但しこの事は単に小生の頭の中にあるだけの事と御承知置奉願上候。小生は衷心より有望なる青年哲学者の発展を望むの外に他意なく候。小生は母の病気今の如くならば多分来月四、五日頃まで当地に滞在の積りに候。この夏十分御健康を恢復せられんことを奉祈候。早々

53　7月28日　田辺元　金沢より

［東北大学文科大学新設の計画］

しかし京都ではなお十年も教授の地位の vacant となるは困難なるべく無論東京の方においてもなお一層この点は困難かとも思はれ候が東北の文科ができるとすれば今貴兄を京都に取るのは多少心苦しく候。貴兄はこの点について顧慮せらるゝ所なしとするも我国哲学の発展といふ点から考へても如何かと存じられ候。小生の考よりすれば貴兄が小生などの考に捉へられるは却つてよき事にあらず広く海外の学者に接して（東北文科ができるとすれば直にこの機会来るべしと思ひ候故）別に一新境域を開かるゝ事我国学界の慶事と存じ候。小生などを京都へ来らるゝ理由の幾分に加へらるゝ事は誤れる考にてはなきかと存じ候。

54　8月10日　田辺元　京都より

［日本の京都大学を目ざす］

御手紙拝見いたし候。小生は去る六日帰洛いたし候。しかし近日の中また金沢の方へ行く積りに候。

「当地出身者の途を塞く恐なきか」との御配慮は御尤のことと存じ候。この点については小生も熟慮いたし候が前に申上け候如く助教授の位置が大分 vacant となる故小生が哲学科の教授たる立場より考へて之を長く打ちすて置くは我哲学科の為に謀つて忠なるものにあらずと存じ候。而して大分後のことはいざ知らず兎に角、目下当地出身者の中においてすぐ助教授として推薦し得るもの無之と存じ候。出身とか何とかいふことも人情として一応考へねばならぬことなるが小生は常に京都大学は京都の京都大学にあらずして日本の京都大学なることを考へて居たいと存じ居り候。兎に角御恢復後沢柳狩野二氏とも能く御相談遊され自分にても御熟考の上御決意あらんことを希望いたし候。

55　9月15日　**田部隆次**　京都より　［母寅三逝去］

拝啓　母病死につき早速御弔詞被下かつ御香料を辱《かたじけの》うし奉謝候。今春以来漸次衰弱七月頃より唯牛乳と卵とをのむのみなりしが先月中頃よりは全く何物も食せず日々少量の水を呑む位にてそれにても二十日程持続いたし候。七十七年もはや天命を終りたるものとして遺憾なきも、不肖の子生涯何等の物質的慰安を与ふ能はざりしを遺憾に思ひ候。御家内皆々様によろしく。

大正八(一九一九)年

56　4月27日　**務台理作**　京都より　〔はがき〕　〔次男外彦の家庭教師〕

拝啓　先日御願申上け候次男外彦高等学校入学準備のための国文教授五、六の二ケ月だけ御願申上け候。先づ一度御伺いたさせ度と存じ候がいつ頃御在宅に候か御一報願上候(但し月曜の夜は他に参り候)。文法、かなつかひ、作文等御願上候。一週に二度かまたは一度位。

57　5月18日　**田辺元**　京都より　〔田辺の京大での講義〕

御手紙拝見いたし候。講義の事は自由なるが小生は貴兄を教授会へ propose する時「当地にても論理学をやる方がよいと思ふが小生はその暇なくまた認識論には数学や自然科学との接触を必要〔と〕するが、小生はその素養を欠く故貴兄を迎へ度」と申し候故、毎年でなくとも時々此等の題目を御講義被下候はゞ結構と存じ候。しかしその外の事を講議〔ママ〕してならぬといふ訳にあらず「時々」といふことにてよろしく候。その他は全く自由にてよろしく候。

58　10月9日　朝永三十郎　京都より　〔年推定〕　〔朝永の退職希望について〕

今日御話の事君が学究的生活に御執着なくその外に一層君の適当なる仕事と興味とを見出すという御考ならば今が恐らく好時機なるべく、小生自身といえどももし学究的生活以外に興味あらば或は御同様に考えるかも知らぬと思う。また君の如き人が出でて教育に従事するということと之によって後進の途を開くということも広い見地からしては望ましきことと思う。君自身の立場と広き社会という立場から見ては小生は君の御考に賛同する外はない様に思う。しかし京都の文科特に哲学科の立場から見れば異なった考を有たねばならぬ。君が哲学史の教授として左程自ら抑損せねばならぬ人と考えることはできぬ。小生がかく考え居るのみならず学生や同僚やまた社会からも嘗て君の学問や講義について不満足の声を耳にしたことはない。若い人を養成するということは別としてすぐ教授にでもする位の人にて君の外に今外に人があるとは思わぬ。この点について、もし同僚より小生の意見を徴せらるる事あらば、小生は右の如く答うの外はないと思う。無論波多野[21]君は哲学史家として深い素養をもった人と思うがこれは已に京都文科にあることでもありまた君は波多野君と異なった特色を有する哲学史家であると思う。君を失うことによって文科は一人の有力なる教授を失いそれだけ損することは否定することはできぬ。

若い人を養成すれば後継者ができるということは君の云わるる通りである(これは誰の場合にでも然らんと思う)。しかし君が居らるる事によって多少若い人が大学に入るのが遅るるかも知れぬが○○でも○○でも今相当に学問のでき得る位置にあり、君がもう十年もここに居てくれればそれ等の人々が成熟して丁度すぐ教授に取り得る様になりはせぬかと思う。○○は小生別にまた何とか考えたいと思う。よし学問とか講義とかは何とか補い得るとしても君の去ることによって小生が最も遺憾に思うのはこの大学の哲学科よりして事を処するに材幹ありかつ一種の気風を維持するに頼もしき一人を失うことである。この点において小生と感を同うするものは小生のみにあらざるべしと思う。小生が文科の元老に相談したしと思うのは主としてこの点である。松本、原二君に相談したいのであるが、今はそれができぬから狩野、藤代に相談したいと考えるのはこの点である。折角哲学科の人々が歩武が整い共同に面白く事ができるのは君などの居てくれる御蔭と思う。特に小生においてはこれまで腹の底まで打明けて何事も相談して来た相談相手を失うのは私情においても実に忍び難い感がする。

君がいつかの話の様に健康とかその他の点から考えてどうしても純学者的生活をすて

て他の途を求めるのが自己の本分であるという固い決心なら最始に云った如く何とも云い様はないが、もし枉げて生涯を学者的生活に過してもよいという考をもち得るならなお十年大学のために尽してくれまいか。二千年来の哲学史をとてもやり切れぬというのは全く同感である。恐らく何人《なにびと》も不可能であろう。君が根本においてどうしても学者的生活をやめたいということでさいなければそういう点は何とか御互に御相談をして見たいと思う。君が固く自己の本分の他にあるを信じかついつかの御話の如く誰も若い時の如く無理はできぬから今日の学問的努力が真に健康を害するということなら何とも云い様がないが人間到る所それ相当に苦労も煩悩もあるべく君が恐らく二十年来従事し来れる哲学史専攻をもはや五十になんなんとして新らしい方向に転ずるは(君はその方向においても十分に成功し得る人とは確信するが)多分遅きことはなきか、むしろ二十年来の惰性に任して残年を遺棄するの意なきか、無論君がかく云い出さるるまでには幾度か思慮を重ねられたることと思うがなお一度考えて見てもらいまいか。小生もいつまで大学に居り得るかは知らぬが従来何事についても依頼し来れる同志の友を失うを悲む。君にはいかに考えられたか知らぬが君に万事を相談し来れるは単に順序とか形式とかいうつもりではなかったと思う。小生は口でいうよりも書いた方が簡明に意を通じ得ると思うから今日話したと同じ事ではあるがなお一度書いて御覧に入れたいと思う。いずれま

た拝眉の上御話をきく。御一覧の上は直に丙丁童子《へいていどうじ》に附せられたし。(22)

〔再度の慰留〕

59　10月10日　**朝永三十郎**　京都より　〔年推定〕

御手紙拝見仕り候。波多野君が後を受くるを難んずるであろうといったのは決して貴兄の意志に混濁あるという疑を有ったのではない。その点は数年御親交を得たる余の十二分に諒解して居る所である。この点についてはどうか御安意を願いたい。私はむしろ貴兄の心事を諒とし深く之に同情し得ると思う。ただ後を受けるものの身から見れば人が栄転するとかその人が去らねばならない明白の理由のある場合とか特に好んで去るとかいう場合の外はかかる場合に処して心苦しいという感の起るものではないかと思う。貴兄は最後の場合だと云われるかも知らぬが特に貴兄の為人《ひととなり》を知るものの外は今の場合そう見られ得るかどうかと思う。しかしこれは左程重要の点ではない、とにかく貴兄の意志を誤解して居るということは小生において毫末もない。ただ一所に居て助けてやろうといわれるよりはお前等が居るを幸に出て行くと云われるのは情ない様に思う。貴兄がここに居らるる事が有害ということなら致し方ないが、私は何人もそうは思うまいと思う。私は貴兄を überschätzen〔実際より高く評価すること〕もないが貴兄自身の抑損せらるる如く unterschätzen〔実際より低く評価すること〕もない。前の手紙に申上候如く貴兄を Kolleg〔教授陣〕より失うということはどうしても損失と考える。また文科の Staff もそう考えて居ると思われる（勿論かかる理由を以て何処まで人の自由を束縛すべきかは問題なるが）。「対世間」ということはあまり重きを置くべきことでもないかも知らぬが君が今高等学校に行くということは君の心事を知り居る少数の外は世界が「何事でもない」とは思うまいという意味にすぎぬ。相談相手というものは考え様によっていくらもできるかも知らぬ。しかし人情は左程単純なものとは思われない。余の妻よりよき妻は多かるべく、余の友よりよき友は多かるべし、しかし余の妻は余の妻にして余の友は余の友なり。

大正九(一九二〇)年

60　1月7日　久松真一　京都より　〔久松の論文「神と創造」について〕

本日哲学研究到着御論文[23]一読、思想の前よりも一層明晰となりしを悦ぶ。我々の Circle に貴兄の出でしこと小生の喜之にすぐるはなし、この方面における哲学的発展は将来一に貴兄の努力をまつ。乞う加餐自重せよ、しかし学問においても修養においても決して小成に安んずべからず、一層奮励努力を望む。

61　5月26日　山本良吉　京都より

［長男謙の病気］

拝啓　二、三日中に御入洛の御事と存じ候。小生より御伺申上げてもよろしくと申上け候が、実は家内二、三週間程前より二度ばかり具合あしく相成り、医師は極軽微の出血と申居り候も此方は日々によくなり候様なれども、長男入院後腹膜の方はよくなり候へども病菌血液中に入り遂に心臓に入りて心臓内膜炎を起し、昨今は医師も余程六ケ敷《むつかしき》様申居り実に閉口いたし居り候。左様の有様にてなるべく在宅の時を多くいたし度と存じ居り候。二十九日午前以外の時において御待受けできれば結構と存じ候。折角御入洛被下候にか丶る事を申上け甚だ心苦しく候へども何卒不悪《あしからず》御諒察被下度候。

62　6月6日　久松真一　京都より

［長男のことを案ずる妻寿美］

拝啓　いろ〳〵一方ならざる御厚情を辱ふし感謝の至りに候。今朝思ひ切つて家内に実情を話し候処いかにも取乱さぬ立派な決心の程に感じ候。家内の言にては、病院に入れた時既に今日の事を決心いたし居り、長命が必ずしも人生の幸福とも思はねば万一の事あらば直に仙寿院(24)に送つて葬礼を営みくれとの事にて候。家内の希望右の如くなれば小生は植村君に願ふて仙寿に送つて葬礼を営み度と存じ候。この事一つ植村氏に御願被

下間敷〔や〕奉願上候。早々

63　6月16日　**山本良吉**　京都より　〔長男謙の死〕

御同情の御手紙難有奉深謝候。家内の方は愈《いよいよ》死せし旨を告げし時はさすがに気を動かせしがその後は静にあきらめ打ちつき居る様子に候。唯その後の事何事も知らさぬ様に注意いたし居り候。〔中略〕

担架にて此途ゆきしその日よりかへらぬものとなりにし我子
死の神の鎌のひゞきも聞きやらで角帽夢みき病める我子は
垢つきて仮名付多き教科書も貴きものと筐にをさめぬ

64　8月4日　**田辺元**　京都より　〔海を愛する〕

御手紙拝見いたし候。御宅も先づ御保養に差支なき所の由安心いたし候。何卒万事を放擲《ほうてき》して心静に御静養遊はされ度、全然馬鹿になつた気で山海の間に放浪せらるゝがよろしと存じ候。それ位の度胸がなくてはだめと存じ候。小生は非常に海を愛し候。一日にても海の波をながめ居り候。浪は無限その物の動きの様にて候。嘗て Heine の海の詩など面白く読み候。特にその Nordsee〔北海〕の詩[25]の如き北国の海を見ないものは理解できぬと存じ候。先日狩野君見え候故話し置き候間九月に入りてもゆつくり御保養遊はされ十分元気を御恢復遊ばされ度、すむのすまぬのといふことは大きな海のうねりには泡沫の如しと存じ候。大自然の懐に抱かれる程楽しきものはなくこゝには学問もなし、道徳もなし。

大正十(一九二一)年

65　5月28日　**山内得立**　京都より　〔封筒欠〕　〔イタリアへのあこがれ〕

四月十七日の御手紙拝見いたし候。商大[26]の方と京都に御出の方と一利一害はあるべしと存じ候が兎に角独立の確実な地位を得ること故一つ商大にゆき他に頓着なく専心哲学を御研究有之候方可然かと存じ候。他に没交渉にて専門のみに御潜心遊ばされ度、その事は左右田君などの十分なる了解も得居り候。鶴巻氏の方へ貴兄よりも挨拶の手紙を出し置かるゝ方可然と存じ候が十分話はいたし置き候。この点は毫も御心配に及び不申候。Plotin〔プロティノス〕難有奉謝候。あれは或実業家の先輩が小生の為に買ひくれるといふ事故先日380 fr. 御送り申上候。御落手被下候事と存じ候。御送り被下候方法は何とでも便宜御取〔計〕ひ被下度候。以多利《イタリー》の旅行は実に羨ましく候。小生も嘗てゲーテのItalienische Reise〔イタリア紀行〕を読み Campagne〔田舎〕の野や特に Neapel〔ナポリ〕の景色の記事は今も尚頭にのこりあこがれ居り候が若くて外国にでも行きたいと思ひし頃は何人も顧みくれず今は已に老いたり。Fra Angelico の画はこれも貧弱な書物などの挿画を見たのみに候が小生は非常にすきにて候。誠に heilig〔神聖な〕の感を与へる様にて候。小生は数年の後子供が皆学校を終り候上は退いて心ゆくばかり読書と思索にふけり度今はこれが唯一なる老後の楽にて候。この手紙の到着の頃はパリーに御出かどうかと思ふが先づパリーへ出し候。御健康を祈る。早々〔中略〕

御送り被下候ゑはがきは家内喜んで見て居り候。特に Italy のものなど。

66　6月9日　田辺元　京都より　[長男の一周忌]

拝啓　御手紙及び御菓子難有奉謝候。如仰《おおせのごとく》明後日は丁度一周年に当り候故仙寿院にて一周忌相営み度と存じ候。何等の取得あるものにもあらざりしが、ありし日の事などなと思ひ出でゝ何となく哀れに存じられ候。

今も尚あらぬものとは思はれじ書きし文字など見るにつけても

梧桐の若葉蔭なる病室の日に薫る頃彼は逝きけり

空にかゞやく無数の星、廻り廻ぐる月と日、宇宙は永遠なるべけれど亡せし一つの小さき魂も再ひこの世に現はるべき術も無之候。

承り候へは聴衆四百名とか定めて御困りの御事と存じ候。御疲れのでない御用心第一と存じ候。

67　7月1日　田辺元　京都より　［和辻哲郎の招聘］

いつか御話して居た和辻君の事ですがまだ教授会の決議を経ませぬから何とも申し難いが(歴史の人々の考が分らぬから)近日の中に一つ教授会へ出し〔て〕見ようかと思います。小生の考では先ず今の植田君の様な風に講師として来てもらい自分の研究もしつつ少時間日本文化史という如きものを講義してもらい度というのであるがもし当地の方にて多分この六日の教授会にて定まったならどういう風にして誰によって同君を動かして見たらよいかよい御考はありませぬか。貴兄が十日に東京へ御帰りになるならそれまでに何とか定まるであろうと思うからもし更にあらためて申上げたらよい方法があったらよろしく願います、勿論この事はそう早く定らぬかも知らずまた日本道徳史として藤井健君の下に属する事故小生が表面に出る訳ではないが事情だけ申上げて置きます。

68　11月28日　山内得立　京都より　〔封筒欠〕　〔山内のフライブルクへの留学〕

御南下の途中エーナ大学のゑはがき、花の装なせるハイデル城のゑはがき及びフライブルクの御宿よりの御手紙拝受いたし候。どうもフライブルクへは日本哲学の優秀が多く集まる様にて候。賑かなことならんと存じ候。フッサール先生いかなる講義をなさるゝか、Noema Noesis など分らぬ六ケ敷講義をなさるゝにや、分析のみこまかく語のみ堂々として鬼面以世人を駭《おどろ》かすの類たらずんば幸なり。メーリスの歴史哲学も comprehensive ではあるがあまり頭のよい人でもない様なり。Heidegger は Duns Scotus 〔ドゥンス・スコトゥス〕の事をかいたものがあつた様だがよんでは見ず、しかし小生はかねて Duns Scotus から何かまだ〳〵出るだらうと思ふて居るので一寸注意した事がある。

大正十一(一九二二)年

69　1月25日　**山本良吉**　京都より　〔安宅弥吉の経済的援助〕

安宅君の御芳情は小生としては誠に感謝に辞なき次第に候。小生は敢て当らず候が我国にかく〔の〕如き富豪の多きことを切望いたし候。我々の仕事はさういふ事を富豪に求むるだけの成績をあげ居らぬか知らぬが、我国将来の発達は何といふても我国において世界の文化に対立するだけの文化を築き上ける外に将来の国策はなかるべしと存じ候。それに比して前田家の如き何とか率先して文化の方面に尽されてはいかゝのものにや。今日我々の方にても多少人もでき候が講座なく(法科などには人なく講座のみ多く候が)優秀の者を優待することができぬ次第に候。左程の金もなき基督教信者すら六万円の金を寄附して宗教学講座を立つる世の中にて候。

70　8月15日　**西田外彦**　京都より　〔次男の進路〕

何事にても一旦志した仕事に向って真面目に長年月努力せなければ成功するものでも

なくまた興味が出てくるものでもない。あれかこれかとすぐ心が動く様では何事もすぐいやになるにきまって居る。物理化学という如き仕事は今日の学問発達から見て非常に面白い学問であると思う。最近の物理学の進歩は化学の領分に及ぶべく、開拓すべき余地は非常に広いと思う。ただ日本の学者は化学を知るものは物理を知らず物理を知るものは化学を知らずかついずれも深い数学的理論にまで入込むものはない。かかる部分に少しでも手をつけることができれば人生における貴き仕事の一なるべくまたすべて学問は深く入れば入る程興味の生ずるものである。哲学や文芸は一寸と面白そうだが少し本気にやりかかれば非常に困難のものにて茫漠として捉え難く誰も迷わぬものはない。すぐいやになりやめる気になりやすい。要するにこの方は非凡の天賦と非常の努力とを要する故に百人に一人、千人に一人も真に成功するものはない。自然科学などと違い哲学文学の中途半端は何にもならぬ。文学や哲学は何人も読んで味うべきものであるが軽々に之を専門とすべきものでない。自分などでも今日まで幾度哲学をやめ様と思ったか知れぬ。今でも始から数学をやって居た方がより面白かったと思うて居る位である。文学や哲学を専門にせねば人生に意味がないとか不幸とかいうことはない。人生の目的は人生に対して真摯なる仕事するによって解せられる。ゲーテのファウストでも迷いに迷うた最後にそういう事になって居る。真面目な仕事によって救われることとなって居る。

そして人生における真面目なる仕事といえば自然科学の研究という如き貴き仕事の一でなければならぬ。文学者や哲学者が何か幸福なものとでも思えば誤である。

今の学生には真摯に自分の成すべき学問の仕事に努力する勇気と真面目とをかきただ享楽的に文学哲学を口にし自ら高尚な様に思うて居るのが多い。これ等は遊惰者である。そして法律や理科から哲学などへ転じてくるものもあるが先ずこれ等の学科に比して尚一層緻密にして面倒なる哲学に対して一年位でへこたれてしまう。そしてそれ等の人はとても専門に文学や哲学をやれる人でないと思われるのが多い。誠に気の毒に思うて居る。

倉田百三というのがこの頃学生の idol になって居るが倉田は頭もよく相当に深い所までの理解もあるがかれの小説や思想はなお幼稚で特に甘ったるいいや味の多いものである。かれはなお深く大きく発展せねばならぬ。しかしもはやだめであろう。人は一旦志した所に向って心を動かさずに真摯に努力向上せねばならぬ。そこに人生の真の解決がある。謹んで遊惰者の群に陥てはならぬ。

今日家の事情というのも決してそう呑気に考えて居てよいのではない。家に主脳なくただ僅に人の助によってどうにかこうにかやって居るにすぎぬ。一家に四人も病人があるということは容易に思うて居てよい事ではない。一家の経済も今漸く印税が入るので支えて居るのである。家の事もそうのんきに考えてはならぬ。生活ということを親の居る間は之に依頼して呑気に考えて居るがさて自分が一人立で人生の戦に入った時そう安っぽくたやすく考えて置いてよいものではない。そういう軽薄な考をするのは無経験者の夢にすぎない。自分等の長い生活は実は涙と血にみちた悪戦苦闘の歴史である。何でも自分の気ままのできる軽い甘い心持をして居れるものは幸の様であるがまたこれ程将来に不幸の人はない。まだ学生の中から髪や顔をつくる様な心持ではいかぬ。大きい深い人にならねばならぬ。ゲーテの詩に「涙を以てパンを食ふた事のないものは　汝　運命の神を知らず[27]」という語がある様に人生はとかく厳粛な問題が目前に迫らぬと意志が薄弱となり精神の緊縮を欠く様になる。

71　8月15日　西田外彦　京都より

［文学や哲学の途は容易ではない］

今朝手紙を出したがなお一度手紙をかく。広い教養を求めるのは悪いとはいわぬが自分の専門の仕事というものに精神を集注して真剣に努力せねばならぬ。これが何といっても第一である。この点にぐらつき右に左にあれこれと動くという様では実に前途が案じられる。何でも一旦やり出した事は何処までもやり通さねばならぬ。これまで何事もなくのんきに育ちきて世の艱難辛苦ということを身に味わぬゆえ志操が堅固にならぬのである。一学期の始め暫くはよかった様であるが、ふと或日から学校の事がいやな様になり髪など分けて文学や小説などにふけり真摯な向上的な学生らしい気風がなくなった様に思われる。こういう様な軟弱な精神にては何に向っても成し遂げられるものでない。すぐまたあきていやになるのは明である。決して真面目に努力せずぶらぶらして浅薄な美術や哲学を弄して居る遊惰者に倣うてはならぬ。

先ず強固な意志、堅固な志操を錬らねばならぬ。さなくば何事も成し遂げ得らるるものでない。くれぐれもいった様に文学や哲学は一寸弥次馬的にのぞいて見れば面白くてまたすぐ何かできそうだが中々そういう容易なものではない。できぬとすれば全然失敗に終る外ない。中途半端の文学や哲学は何の用にも立たぬ。之に反し自然科学の方はやるだけ明に結果があらわれそれだけでも物になり真に深く進めば進む程自然の深い秘密を探ることができる。何にせよ自分の専門に対する熱心な研究的態度が何より必要である。それから興味がでてくるのである。そして研究ということは長く長く持続せねばならぬ。すぐ気が変りいやになる様ではゆかぬ。問題が困難なればなる程勇気を奮わねばならぬ。最初から話して居る様に先ず一通り化学を終りそれから物理、数学を専攻する方がよい。それには今から数学や力学など忘れてはならぬ。哲学や文学はただ教養のために読んでよい。何にせよ一つ大きな仕事を成し遂げるという大望を立てねばならぬ。

さなくば気がくさり淋しくなるのである。

父は今日まで何十年この緊張せる精神を奮い起して周囲の境遇や誘惑と戦って来たのである。そして今日なお成すべき事が多い。残る余生の一日にても真面目な研究に供したいと思うて居る。ただ今日我等両親の念頭を去らぬのは子供の行末という事である。今は母親は仰臥のままもはや一生立ち得る望みもなく三人の女の子は病弱にて学校を遅れただ頼むべき一人の御前、心に病んでぶらぶらして居るというのはあまり悲惨ではないか。

私は今年の夏などは実にいろいろの心配にていろいろ苦しいのである。心の中では人知れず泣いて居るのである。しかし心をひきしめて万事を処しどうかして子供だけは立派な人物にと思うて居るのである。自分の事はおさえてもお前のほしいものとか行きたいという所とか差支ない様な事はできるだけ自由にして何とかしてただ一つの真面目な目的に向って奮進してもらいたいとのみ思うて居るのである。自助伝(Self-Help)[28]などよく読んでみるがよい、貴き人生は真面目の努力の中にある。香水臭い青白い文学的気分の如きものにあるのではない。

72　8月26日　**桑木彧雄**　京都より

〔アインシュタイン来日〕

今度のアインシタイン(29)の考方(無論私はまだ何も分らぬのであるが)などは私はこういう点から便宜になったという事でなく物理学として非常に面白い idea と思います。物理学としては誠に深い所までいった。ここからすぐ哲学と結合するのではないかと思われます。ア氏自身は自分の考の phil. Bedeutung〔哲学的意味〕というものを知らぬのではないかと思います。Newton とても決して自分の物理学の philos. Bed. を知ったのではありませぬ。

73　9月29日　**務台理作**　京都より

〔次男外彦の説得依頼〕

拝啓　御難題に候が外彦に対しては左の件を分る様に御話し下さい。

一、哲学は中々六ケ敷学問にて相当にその方に向いた天賦のものにても非常の刻苦を要し長い間に迷いに迷うて幾度か棄てようかという場合を通過せねばならぬ。多くの人は中途半途に終る事。

一、哲学によって生活するという事は余程優秀か好運でなければ六ケ敷事、自分なども四十までは中学や高等学校の語学教師にて過し来った事、従って世の栄華を顧みず極めて質素な生活にて生涯を通す決心を要する事、時には衣食の資に窮することもなきを保《ほ》せず。

右の理由にてなるべく哲学専門の考をやめる事。

一、哲学をやって見たいというなら化学を専門としてやりつつ家にて余暇に教養のためその方の書物を読む事(この方が私は最もよいと思う)、一度化学を終ってからどうしてもやりたいと云うなら哲学に入てもよし。

一、どうしても化学がやり度ないと考えても少くも来年三月まで化学を真面目にやりつついてその間によく考える事彼はよく気の変ずる事あり、或は貴考の如く理論物理なども可ならん。

御多用中甚相済まぬ、本人の一生の関する事と思う故何卒よく分る様に願上候。

74　12月17日　山内得立　京都より　〔封筒欠〕　[絵画と建築の美]

十一月二日の御手紙を拝見いたしました。実は君と石原君との合書のはがきが以太利《イタリー》から来て以来久しく消息がないので、どうなされた事かと心配していました。或は希臘旅行中に病気にでもなって何処かでねて居るのでもないかなど思っていました。成程希臘が今日の如き状態[30]ではとても旅行などはできますまい。フラ・アンゼリコよりもジョットの方が深いというのはそうだろうと思われます。画を見たことのないものがこういうことを云うのは可笑いですがアンゼリコの方は深いというよりむしろただ heilig〔神聖な〕というべきでしょう。Giotto の様な深く大きなものではないでしょう。芸術もごちゃごちゃした Art よりも深い大きな creative な精神の現われて居るのがよい。ドーリヤの建築というのは全く想像できぬが私は建築にはどっしりとした落付きということが大事だと思います。日本の寺など屋根ばかり大きくて下の方が貧弱なので建築としてはそのどっしりした所がない。之に反し支那の建築は図で見るとどうもそうでない様である、下の方が確《し》っかりとして落付きがある。日本の寺などの建築は支那を模倣したのであろうが大事の点を見のがして居る。之に反し瀟洒たる日本流の建物はそれでまとまっていてそれ特有の美があると思うがいかん。〔中略〕

Einstein[31]氏が来て日本人は外国から来た興行の珍しい動物でも見る様に聞くより見に集りました。東京駅へついた時は恰《あたか》も凱旋将軍を迎える様の人ごみにて自動車も動かなかったそうです。

大正十二(一九二三)年

75　2月18日　**山内得立**　京都より　〔はがき〕　〔慰藉を与えてくれるベートーベン〕

両三年来私は人生の重荷に堪えきれずいろいろになやんだ結果 Beethoven の生涯や思想感情という様なものにこの上なき慰藉を見出す様に思います(無論音楽は少しも分りませぬが)。君がこの夏御帰朝の節 Beethoven の Büste〔胸像〕という様なものがあったら小さいのでも一つ買って来て下さいませぬか肖像でもよろしい。

76　6月18日　**和辻哲郎**　京都より　〔はがき〕　〔ケーベル博士逝去〕

我々の敬慕するケーベル先生の逝かれたことは我々学徒にとって大なる損失と思います。ただ私は先生と学風を異にしまた僅に先生に一年位ついただけなのであまり先生について書くことを有っていませぬ。しかし御手紙によりつまらぬものを少しばかりかいた[32]がもしこういうものでもよいならおのせ下されば光栄と存じます。よくないと思召したら御遠慮なく反古にして下さい。

77　10月18日　**和辻哲郎**　京都より　〔原稿の『思想』への掲載〕

御手紙拝見いたしました。震災の節はさぞ御驚きの事であったろうと思います、それでも幸に御無事であったのは何よりの御事と存じます。

「思想」の原稿の事につきましては私は今「哲学研究」のためにと思い書いたものがあります。題は「物理現象の背後にあるもの」というので因果律のことをかいたものです。「思想」にて四十頁位になりましょう。これを御上げしてもよいと思うのです。ただあまり専門的のもので「思想」には不向きとも思いますが、これでよければ既にできて居るもの故何時にても差上げます。

こう申しては甚だ我儘の様でございますが私は書いて行くのが自分の思想の成長であってそれからそれと書いては行きます。これを離れて他の依頼とか注文とかにて書くことがこの思想のFaden〔糸〕を切られる様で苦しい。どうかこの我儘だけを御許し下さいますまいか。

大正十三(一九二四)年

78　3月17日　和辻哲郎　京都より　〔京大への招聘〕

啓　その後は御無沙汰しています。先日波多野君上京の節申上げた件につき私も一度貴兄にお目にかかり御話し致したいと思っています。私が上京の機会があればよいのであるが、いろいろの事情で目下むつかしい。もし貴兄が当地方へ御出の事もあらば是非一度お目にかかり委細御話いたしたいと思います。この問題は久しく考えていたのですがもし貴兄が御承諾下さるなら今度何とかして実現したいと思うのです。民間において一旗あげる御考であっても一度はアカデミックな圏内に入って見られるのがよいではないかと思います。当地の種々の事情については波多野君が大分申上げたことと思いますが私は貴兄を広き意味の Kultur〔文化〕の研究者として哲学科に属する人として迎えたい。哲学科の教授諸君はすべて賛同し居り史学の有力者も熱心に賛成しているのです。

79　3月27日　田辺元　〔託便〕　［禅に関する書物を薦める］

先ず「十牛図」[33]が一番よいかと思います。これはその実、鈴木大拙が書いたものです。それから無尽燈論[34]とは白隠和尚の第一の高弟東嶺和尚の書かれたものです。正受老人伝、白隠和尚伝、洪川和尚伝、お目にかけます。禅は分らぬにして〔も〕古人が万事を放擲《ほうてき》して専心道を究めし芳躅《ほうたく》、実に我々をして奮起せしむるものがあると思います。

80　4月11日　**和辻哲郎**　京都より　〔京大での和辻の研究の方向について〕

啓　御転居のよし。

先日申上げた点につきこの問題に関係ある二、三の主なる人々の談合の結果前に申上げたより範囲を広くし、文化の研究（倫理思想を中心として）ということにして貴兄を推薦して見たいと思います。何年か後の講座[35]というは今から何とも御約束することはできない、この問題は貴兄が今後御研究の発展如何に関することでもあり今この問題に触れることはむつかしいと思います。ただ広い研究題目の上において自由なる基礎的研究をなしかねての御考の日本文化の研究に進むという御考にて御諾否を御定め下さることを御願したいと思います。

　右の様な推薦の仕方にすれば今直に日本文化の研究に局促して国史の人と接触する必要もなく広い自由の研究ができると思います。つまり先日の御手紙の後の方の御考の通りになると思います。ただ講座問題ということだけは今ぬきにして御考え下さらねばなるまいと思います。先ずは用事まで。早々

81　4月17日　**西田（上野）麻子**　京都より　〔封筒欠〕　〔外彦と上野麻子との結婚〕

その後は御無沙汰しています御変りもありませぬか。先日外彦が参り御厄介になりました。それではどうか早く御出下さることにして下さい。家の事も誠に困りますから、万事お任せ致しますからよろしく。静もこの頃は大分つづいて熱が出ないので毎日学校へ出ています。友も足大分よくなりこの四月から学校へ出ています。庭にはいろいろの樹を植えました。柳、木蓮、海棠《かいどう》、桃、沈丁花、樫、木槲《もっこく》など、私はこれ等の花や樹を見て静に読書と思索に耽りたいと思います。早く来て家の事や妹達の世話をして下さるれば私はもうこれより安心なことは御座いませぬ。家内もだんだん弱って行く様ですし私も何事も面倒になって困ります。

82　10月2日　田辺元　〔はがき〕　〔田辺のハイデガー論文〕

本日「思想」に御掲戴〔ママ〕のハイデッガーの考[36]をよみてはじめて氏の哲学が非常に面白い意図を有するものたることが分りました。現象学的立場から文化学に対して面白い貢献ができるかも知れない。

アララギの「歌道小見」の御批評[37]も同感である、加之《しかのみならず》私は inneres Erlebnis〔内的体験〕を直に表現する歌もよいと思う。万葉無論貴いが伊勢物語の如きも捨て難い。

大正十四(一九二五)年

83　1月28日　田辺元　京都より　［妻寿美逝く］

この度はまた一方ならざる御世話を忝《かたじけの》うしいろいろの御心尽し何と御礼の申上げ様もございませぬ。後にてきけば昨日はちと御気分もおすぐれなかった所を押して御世話下さいました御様子誠にすまなかったと思います。宿世いかなる因縁のありてか一たび吉事に君を煩わし二たび凶事に君を労す、君の志を受けることのみ大にして何を以て報ずべきかを知らず。

荊妻《けいさい》今日の事ある昨年以来予期せし所、今更心を動かす様なこともないと思います。されど今は我家という如きものが消え失せて遠き国にさまよう旅人の様な心持がいたします。この心いかに動き行くならん。

去年の秋窓際近く植えし花咲きか散るらむ見る人なしに

84　5月20日　フッサール　〔転載〕　［フッサールの写真］

Sehr geehrter Herr Professor!

Ihre Photographie, die Sie mir durch Herrn Prof. Tanabe so liebenswürdigerweise geschenkt haben, habe ich mit aufrichtigem Dank in Empfang genommen. Jetzt kommen viele tüchtige junge Gelehrte unseres Landes, die bei Ihnen studiert haben, nach und nach in ihr Vaterland zurück. So glaube ich, dass Ihre Phänomenologie auch bei uns grosse Verbreitung finden wird. An der hiesigen Universität liest Prof. Tanabe, und an der Handelshochschule zu Tokio Prof. Yamanouchi schon über die Phänomenologie.

Indem ich von Herzen wünsche, dass Sie bei bester Gesundheit zum weiteren Fortschritte der Wissenschaft beitragen, verbleibe ich mit ergebenstem Gruss

Ihr

K. Nishida

〔拝啓　御親切にも田辺教授を通してお贈り下さいました先生の写真を拝受いたしました。誠に有難うございます。先生のもとで学びました多くの我国の若手の学者が目下徐々に母国に戻りつつあります。先生の現象学が我国においても大いに流布することと存じます。すでに私どもの大学では田辺教授が、東京商大では山内教授が現象学を講じています。先生が御健康で学問の発展にいっそう寄与されますことを心より念願いたします。恐惶頓首

〔K・西田〕

85　11月6日　**長与善郎**　京都より　〔東洋文化の底にある空観〕

その後は久しくお目にかかる機会もございませぬ。きょう岩波から御著「竹沢先生といふ人」をとどけてくれました。御芳情難有ございます。御序文を拝見したまでですが(御考と同じいかどうかは知らぬが)私も空観というものに深い興味をもっています。我々東洋人の文化の底には空観というものがかがやいているではないかと思います、宗教の底にも芸術の底にも。私はこの空観の上に哲学を築き上げて見たいと思います。

86　12月7日　**田辺元**　京都より　〔場所の考え〕

御手紙拝見いたしました。恙《つつが》なく御静養のよし、どうか十分御元気が恢復する様祈ります。当地も大分寒くなりましたが皆々息災でいます。静は熱もでず元気もよいが例の下痢はやはりよくなりませぬ。

ああいう渓谷の如き地(38)の満山の紅葉はさぞ美しいことでしょう、柑橘などのうれ居るのは余程暖いと見えます。寂しい冬の中にそういうもののあるのは静かな穏かさが感ぜられてよいものです。私はどうしても人間より自然がすきです。

例の場所の考も大体の所はどうも自分の考がfruchtbar〔実り豊か〕に思えてなりませぬがいろいろ詳細に考えて行くと中々はっきりしないで困ります。先ず大体の所にて一先《ひとまず》やめ更に深く精しく考えて見ます。フィヒテの障礙《しょうがい》(39)というのもその意味はあるがどうもそれではまだ徹底せない様に思われてなりませぬ。

大正十五・昭和元(一九二六)年

87　3月4日　田辺元　京都より　〔三木清のことについて〕

三木の事(40)につきいろいろ考えましたが今の様な有様ではどうも大学へと云う訳にはゆかず私はこれまでの心持態度をすっかりすてねばならぬと思います。そしてこの心持態度を波多野君に明にして置きたいと思います。

しかし三木がその様になっていったということには私自身も責任がないとは云われな

い。大学へどうのこうのということを離れ、単に三木という男をよくするということから私はこの際誠を以てかれに忠告して見たいと思います。

88　5月10日　**田辺元**　京都より　［宗教と道徳との関係］

沢山の人が聞いていても本当に私の苦心を知ってくれる人は少ない、君には聞いてもらいたいと思うのだが、そう翌日までも興奮しては困る、余程心身が衰弱して居られるのであろうと思う。

　宗教が他の価値実現に対し必要な条件になること、信なくして本当の善はあり得ないということは私も全く同意見です。私はそれを否定するのではない、特に道徳価値とは特殊の関係があると思う。ただカントの如く道徳価値〔ママ〕の上に置くことには同意できぬ。宗教は道徳を超越しうる。それをhöhere Moralität〔高次の道徳〕といえばそれまでだが量的極限でなく質的転化でなければならぬ。天の一方から一大エネルギーが突発して太陽系統が滅却し人類などいうもの跡方もなくなっても宗教はあると思う。

89　6月8日　**務台理作**　京都より　［最終の立場としての「場所」の論文］

その後いかが。独逸語は大分自由になりしか。きょう「哲学研究」六月号を御送りした。この論文[41]はまだklar〔明晰な〕でないが私はアリストートルが「主語となって述語とならないもの」とSubstanz〔実体〕を定義したのを逆に「述語となって主語とならないもの」ということによって論理的に意識を定義しようというのです。そして主語の超越は特殊の方向に無限に進むと同時に述語の超越は無限に一般の方向にすすみそれが無限に一般となった無にして有を包むもの、絶対に映すもの、Materie〔質料〕にしてPlotinのdas Eine〔一者〕を含むものを見ようというのです。かく述語が無限大の方向に自己を超越して自己を失うた時主語的なものは特殊の極致に達し自己自身(各自自ら働くもの)を直観するものとなるのです。しかしこれ等の委しきことをまたこの論文にかけませぬでした。しかし私は之によって私の最終の立場に達した様な心持がいたします。これよりこの立場に立って従来の考をすべてreconstructして見ようと思います。

90　7月30日　田辺元　京都より

〔場所論について工夫する〕

修善寺を引き上げて鎌倉の方にお移りの由、今度は御体の方も御都合よろしかりし由悦んでいます。しかしこの夏はゆっくり御保養の様に祈ります。九月からの講義も一時間位ずつでもよし、またもう少し遅くお始めになってもよかろうと思います。後のことを思えば半年や一年のことは何でもないと思います。必ず御無理をなさらぬ様に。

私は不相変無事、暑いのでのんきに暮しています。例の Platztheorie〔場所論〕を工夫していますが中々うまく発展いたしませぬ。

来月から静[42]が御厄介になります由どうか御両親様によろしく御申上げ下さいませ。

91　8月11日　**久松真一**　京都より　〔宗教は哲学によって基礎づけられない〕

君が宗教は哲学的または道徳的に begründen〔基礎づける〕できぬというのは私も全然同意します。宗教哲学というものは宗教的体験を begrifflich〔概念的〕に言い表す位にすぎないでしょう。また白隠和尚が画をかく場合美を求めて居るのでないと云われるのもそれに相違ありませぬ、それが美の立場からは美となるのです。しかしなお少しよく論じて見たい点がある様に思います。

92　10月11日　**左右田喜一郎**　京都より　〔左右田の「西田哲学の方法に就いて」〕

一昨日雑誌を受取り御批評[43]を拝見いたしました。ごちゃごちゃした蕪雑《ぶざつ》な論文をよくおこなし下さいましてその根柢に向って鋭い御批評を御与え下さいましたことは誠に難有存じます。御厚情感謝の至りに堪えませぬ。すぐにも御答いたしたいと思いますが今少し骨の折れる講義をつづけていますのでなお数月御待ち下さる様に御願いたします。

嘗て十数年前高橋里美君から「善の研究」に対して得た批評以来はじめて得た学問上有力な批評として欣喜の情に堪えませぬ。能く御理解下さいましたと思います。そして鋭い御批評には深く啓発せられます。しかし私にもまた大分言い分はあります。元来カント哲学にはその根柢において一つのドグマがある、知るということを構成すると考えるのがそれである、私はこの根柢を深く批評的に論じ却ってカント哲学よりなお一層批評的だと思っているのですがいずれも後にゆずります。

御批評に対してはくれぐれ御礼申述べます。

（一橋大学附属図書館所蔵）

93　10月14日　**山内得立**　京都より　〔場所論をさらに発展させたい〕

御手紙拝見した。御健勝の由祝着に存じます。左右田君があいうごちゃごちゃした論文をよんでくれただけでも感謝いたします。議論は中々明晰にて強い所のあるには敬服いたします。ただその出立点があまりに簡単にて独りぎめの様に思われます。今日のカント学派はその根柢に対してなお深く批評的に考え〔て〕見なければなりませぬ。「場所」などの論文はただ僅に曙光をみとめたまででその後数月間でもなお大分自分の思想の明になった点もあると思います。今後幾年か私の考をbegründen〔基礎づける〕しまたerweitern〔発展させる〕してみたいと思っています。賛否はとにかく二、三の人には理解だけはしてもらいたいと思います。

〔東洋人の心の底を流れる思想〕

94　10月27日　土田杏村　京都より

御手紙及び「日本支那現代思想研究[44]」拝受いたしました。〔中略〕その中よく読んでみます。特に私に関する所について申上げてよいことがあらば申上げます。貴兄が私の考が東洋的精神に入って行くと云われるのは同意いたします。私は昨年の秋の「働くもの」今年の夏の「場所」において私の思想の行く所まで行った様に思います。そしてそれは東洋の宗教や芸術と同精神のものと思います。我々東洋人の心の底を流れる思想を論理的に基礎づけるには私は今の所、あの二つの論文に漸くその端緒を得た様に考えて居る立場の〔ママ〕とる外ない様に思われます。それはカント的のものでもないまたギリシャ的のものでもないと思います。いずれまた。

昭和二(一九二七)年

〔もはや私というものはない〕

95　2月9日　山本良吉　京都より

御手紙誠に難有拝見した。何十年目にはじめて君に逢った様な心持がする。君には毎年一回位は逢っているがこの手紙は真に旧友に逢った様な心地がする。人間というものは時の上にあるのだ。過去というものがあって私というものがあるのだ。過去が現存しているということがまたその人の未来を構成しているのだ。七、八年前家内が突然倒れた時は私は実にこの感を深くした。自分の過去というものを構成していた重要な要素が一時になくなると共に自分の未来というものもなくなった様に思われた。喜ぶべきものがあっても共に喜ぶものもない、悲むべきものがあっても共に悲むものもない。

君も娘さん達が追々にかたづきだんだんに年をとらるるのでそういう人間の深い根柢にふれた様なさびしみが起ってくるのであろう。

もはや私というものはないのだ。ただなお僅に残されている様に思われる少しばかりの学問上の仕事と私の生涯の中に三女児を何とかかたづけて亡妻を地下〔に〕尋ねんとすることだけが残されているのだ。私はこの頃時々若き時分に読んだ漢文の書など取出してよむ。そして果しなく過去の追懐にふけることがある。

　　我死なば故郷の山に埋まれて昔語りし友を夢みむ

96　2月18日　**務台理作**　京都より　［現象学と意識の問題］

御手紙[45]拝見した。不相変御壮健にて御研学の由何よりの事と存じます。

個人意識を越えて intersubjektiv〔間主観的〕なる意識の Kreis〔領域〕というものもあってそこで見られ得る Wesen〔本質〕もあるだろうと思います。ただ現象学はなお意識とはいかなるものなるかという根本問題をはっきり考えていない様に思われる。従って種々なる意識を区別し限定する原理が十分でない。私は意識というものが如何なるものかを論理的判断との関係において定義し、これより種々の意識と考えられるものがいかにして意識という共通点を有しまたいかにして相互に区別せられるかを論じて見たいと思っている。

97　4月9日　**唐木順三**　京都より　［向上の精神をもちつづけてほしい］

御手紙拝見いたしました。御病気であった由、どういう御病気ですか御大事に。小学校に御在勤[46]の由、それは面白い、どうかそういう所から一日も向上の精神を失わず、あましうる時間を読書と思索に用い、不撓不屈、十年二十年の功を積まるる様祈ります。必ず何物かを得、何物かに達するでしょう。

98　5月4日　**田辺元**　京都より　［田辺が哲学第一講座を担当］

先日御話申上げました新設の哲学講座担任の件を本日の教授会に提出し、私が新設講座(47)を担任いたし、貴兄に第一講座を担任しておも〔ら〕いする事に全投票可を以て決定いたしました。

遠からず講座開始の勅令が出ることと存じます。その時直に右の如く上申することになっていますから何卒御承諾を御願いたします。

99　6月20日　**田辺元**　京都より　［ハイデガーの『存在と時間』］

端書二枚御覧に入ります〔ママ〕。こういう風なら朝永君もどうにかやれるかも知れない。不得已ば私が何とかやるとして置きます。

務台よりハイデッガーの Sein u. Zeit という書を送って来ました。少し読んでみたが中々精密な有益な研究と存じます。しかしどうも私はフェノメノロギイというものの根柢に不満を有っているので左程に inspire されませぬ。

100　9月10日　**三宅剛一**　京都より　［娘の結婚］

拝啓　久しく御消息を承わらないが御変りもなきか。さて突然妙なことを御願いたす様ですが、私も明年はもはや大学をやめる事となり居りそろそろ家の事や子供の事などの結末もつけたいと思っているのですが高等女学校を卒業した娘が三人も居り、長は既に二十三にもなっていますので何とかして早くかたづけたいと思っているのです。仙台の理科に居る若い人の中に誰が《〔ママ〕》よい人もないでしょうか。必ず理科という訳ではない何の学部でもよいのですが、どうか然るべき人があったらよろしく御願いたします。

101　11月6日　**田辺元**　〔はがき〕　［ハイデガーの評価］

昨日は御講演お疲れの事と存じます。私はこの頃またハイデッカーをよんで私の意見を改めました。深いもの大きいものはないが骨を折って新しい見方、考え方を開いた意義ある著作として敬服いたします。

第三部　思索のさらなる展開——退職後の思想と交流

1932年，琴夫人と

昭和三(一九二八)年

102　5月6日　**務台理作**　京都より　〔退職間近〕

御手紙拝見いたしました。台湾[1]の方はそろそろ暑いことと存じます。きょう淡野に話しました。無論何等の異議も御座いませぬ、淡野が風邪にて両三日御影《みかげ》の方へ帰っていましたので話すのが遅くなりました。私も来月上旬にて講義をやめます。それから一寸東京へ行かなければならぬかも知れませぬがその後は布衣《ふい》の一老書生としてぶらつきます。

103　8月18日　**田辺元**　京都より　〔人生は煉獄〕

御手紙拝見いたしました。パスカルやベーメをお読の由、実に人生は錬〔煉〕獄で御座います。一人だけの運命ならいか様にも堪えることができ死も恐るべきものでもないかと思いますが二人三人の運命を担わねばならぬのは中々苦痛で御座います。

先日まで大変涼しう御座いましたが数日来は残暑の様な暑さで困ります。静もだん〳〵よい方です。真面目に家事を考えてくれます。かれにして健康がよかったならばと云う愚痴が出てなりませぬ。

104　9月20日　**堀維孝**　京都より

［虚幻の泡の人生］

御手紙拝見いたしました。久しぶりにて二十余年も前に返った様な心持がいたしました。仰の如く実際はなお両三年はあるのですが戸籍面(2)により今度退官いたしました。何かの風の吹き廻しで私も一犬虚に吠えて万犬実を伝うと云う様に虚名がひろがり、外面には花やかに見えたもののこの十年来家庭の不幸には幾度か堪え難い思に沈みました。花やか〔な〕外面も深い暗い人生の流の上に渦まく虚幻の泡にすぎませぬ。いろいろの仕事も自己を慰める手段であったかも知れませぬ。

今度停年に達したのを幸、全然隠遁の生活に入ってただ僅ばかり残されたる仕事の完成に従事したいと思っています。

先達《せんだって》(六月頃)一寸用事にて東京へ参りし頃子供などと殆んど三十幾年ぶりにて鎌倉から鵠沼《くげぬま》辺を廻り鵠沼辺の景色の静な落附きに心をひかれ、あの辺に暫くでも住んで見たいと思っているので御座います。君に命名してもろうた静子という娘でもつれて。

もし御近辺に住むことができます様になったら御伺いたします、久しぶりにて昔し物語りでもいたしましょう。

105　11月3日　久松真一　京都より　［娘の将来を案ずる自分の姿を見つめ直す］

静の方はもう少し様子を見てみようかと思い友はどうも致方なく梅の方を考えるのであるが、かれはなお年若きゆえそう急ぐにも及ばぬかと思いなおいろいろ頼んで聞いて見た〔い〕と思うて居るのです。御親切に甘え貴兄等にいろいろ御心配をおかけいたし甚だすまぬが女の子は男の子と異なりその生涯を決定するものは親の手にあるのだから（よいと思って決定してもそれが却ってわるいやらまた明日どういう運命に遭遇するやら分らぬ人生の事ながら）できるだけの親切を尽してやり度と思うのです。その為めいろいろあせったり考え過したり迷ったり人間の醜を尽してさて静に諦観すれば自分で自分を笑うの外ありませぬ。水は流れ行く所へ流れゆき、事はなる様になってゆく外ないのでしょう。しかし流れゆく水も渦を立てずに流れゆかない如くこれも人生の美し〔い〕波紋とも見れば見られるでしょう。

106　11月25日　久松真一〔はがき〕　　[事と理]

体験その者から出立する人にはそれでもよいかも知れない。而してプロチンもそういう人であってプロチンの解釈[3]としてはそういうてよいかも知れない。

ただ私は哲学の立場としては理から事《じ》を見るというより事の中に、事において理を見るという行き方がよいではないかと思うのである。そういう点からしてプロチンの考に満足せない点がある様に思うのである。

107　12月21日　田辺元　鎌倉より　　[九鬼周造の京大赴任]

九鬼君から仏蘭西で演説したpropos sur le Temps[4]〔時間論〕という小冊子を送って来ました。とにかくBildung〔教養〕のある人の様です。こういう人が講師として居てくれるもよいでしょう、天野君の所へも来て居るかも知れぬがその中御目にかけましょう。

昭和四(一九二九)年

108　1月10日　**西田麻子**　鎌倉より　[静子の結核]

再度の御手紙難有御座いました。静のことよく分りました。何となくそういう予感はあったがそれは事実となりそうです。親の情としてただ限りなく可愛そうに思います。しかし何事も運命、致方もありませぬ、自分のこし方ゆき末〔ママ〕を思うて実に血と涙の生涯である様に思います。私の生れながら負い来った悲しき運命の為、いろいろ御心労をかけてすまない心持もいたします。まあどうしたらよいか今の所よく考がつきませぬ。自分が暖い心を以て何処までもそばについていてやりたい様な心持もするしサナトリュームへでも入れたらよい様な心持もするしその中帰ってよく御相談いたします。

109　1月26日　**堀維孝**　鎌倉より　[短篇小説を書きたい]

御手数をお願してすみませぬが御すきの節いつでもどうか別紙の歌をお直し下さい。(5)かなづかいや文法が不安なので御座います。

生涯論理的な仕事にのみ没頭して居るもののいろいろの事に遭遇して起る心の声という様なものを現わして見たいという要求もあります。時には果なき空想の夢にふけって何か短篇小説的なものを書いて見たいと思うこともありますがそれは中々できる事でなくその中それらの空想も消えて行きます。せめてこう歌にてもいつか自分の著書の終にでもつけて見たいと思いますから平凡なつまらぬものはどうか御遠慮なく棒をおひき下さい。どうか点をあまくせないで辛く落第点をおつけ下さい。

110　2月3日　田辺元　［ハイデガー再読］

どうも論文審査等いろいろの事で御忙しいことでしょう。謙遜も美徳だが時と場合ではどうか。

私の論文(6)はいずれ三月末帰洛の節いろいろ承ります。ここに来てからあの裡《ウラ》の様なことを書いています。それと一緒に御覧下さるればなおよいと存じます。Scheler〔シェーラー〕は実はよみもせないのだが御話によりSchelerなどの云って居る様なことを私の立場から基礎づけたいと努力しているので御座います。Heideggerをよみ直して見て多少手に入った様に思うと共にそのすぐれた点とかけて居ると思う点とをつかみ得た様に思われます。お目にかかった〔ママ〕御考を伺いましょう。

111　3月6日　堀維孝　〔託便〕　［揮毫］

書は自己流、寸心(7)は雪門老師の玉う所、印は妙心僧堂の雲衲《うんのう》の刻する所、鮨は星さんの手製。

為客湘南春　湘南有故人　来往終日夕　不覚白頭新

〔客と為る　湘南の春／湘南には　故人有り／来往して　日夕を終え／覚えず　白頭新たなり〕

112　3月26日　**堀維孝**　京都より　〔詩歌の神〕

こちらへ帰ったら周囲がごちゃごちゃしているので詩歌の神は何処かへにげてしまった。何とかしてそういう心持になりたいと思っているがだめだ。狩野に詩を見せたら御世辞もあろうが多少ほめられた。五言など唐代の始のものは平仄《ひょうそく》など後の形式の如く定まったものでなく、つまりその内容が古雅であればそれでよいのらしい、内容次第だということだ。加之《しかのみならず》場合によってどうしても他に代える語のない如き場合は許されるものらしい。そう云いながら僕の詩などにはやかましいことをいう。孤平《こひょう》はいかぬという。

113　4月28日　**堀維孝**　〔はがき〕　〔北条時敬逝去〕

先生遂にゆかれし由、幼時より長い間お世話になり思出多き先生なりしが天の命数今は如何とも致し難し、ただ無限の哀愁と寂寞の感に堪えず。

114　6月21日　**西田麻子**　京都より〔はがき〕　［島木赤彦の手紙］

どこかに島木赤彦の手紙があったでしょう。「赤彦遺言」[8]という書にあの歌が同氏生涯の傑作の一と云われあの手紙が引合いに出ていますからあの手紙は大事に保存して置いた方がよいでしょう。表装でもして、届はいかにせし。

115　8月18日　**堀維孝**　京都より　［三人の娘の行く末］

実は私には年頃すぎた三人の娘がいるのだ。それに最も頭をなやましている。静はもう致方なく末のは東京の学校にいるが早く中のものをかたづけねばならぬ、それに困る。そう誰にもかにも頼む訳にもゆかず、こんな事は困るものだ。先ずその方を何とかして自分の終焉の地も考えたいと思っている。しかし一時的にでもまたその辺へ遊にゆくかも知らぬ。

116　11月11日　**山本良吉**　東京小石川岩波方より　［再婚について］

此頃の心細さよ大夫《ますらお》と思へる我も老いにけるらし

岩波と日光へ行って来た。雨がふって多分の感興がそがれたがとにかく華厳の滝は実に天下の壮観だ。

真によい人があったら御令室の言の如くするのが私のためにも静のためにも最もよいかと思う。しかし白石君の信用ということだけでは安心できぬ。少しその人と為りを調べて見てくれないか、上によい人にはとかく裏のある人が多い。数学でも出た人なら頭のよい人かもしらぬが、あまり乾燥無味の人でも困る。特に西大久保一流の形式主義や忠孝主義は真平御免だ。恋愛に失敗したという如きローマンスを有った人なら面白い所のある人ではないかと思うが、単に常識の人理智の人より暖い情味のある人であってほしい。どういう家に生れた人か。

無論この問題は自分にはなおよく考えて見なければならぬ問題と思う、急に決心はできないがただよい人があったら考えて見るべき問題かと思う故、この手紙をかいた。

117　12月9日　**山本良吉**　京都より　［孤独のなかで慰安を求める］

例の件いろいろ御配慮難有存じます。帰来よく考えて見ましたが真によい人があったら私にはこの上ない幸福かと存じます。病妻没後五年全く子供の事にのみ心を奪われて自分というものを顧る暇がありませぬでした。今や漸く子供の身の上も定りかけると共に、心の底より起り来る深い孤独の感に堪えませぬ。私の心は何だかWendepunkt〔転換点〕の上に立っている様な心持がいたします。十年張りつめた心が反逆的に慰安を求めるのかも知れませぬ、或は今夏を通じて著作に従事した為め神経衰弱の結果もあるかも知れませぬが。

先日御話しの人がそういう訳なら他にまた然るべき人がないか御考え下さい。しかし三十代にて独りで居る人に何か事情のない人はなかろうと思います。而して身体が弱いという如き事はその中私には忍び易い欠点（無論程度によるが）かとも存じます。とにかく学校教師を務めて行ける人なら家にいてのんきに暮せばそれよりわるくなることはなかろうかと思われる。若い時の結婚の意味と違いその為健康がどうなるという如き事はなかろう。しかし病気が進行的だというのだと困るが。

人物次第でどういう種類の人でもよいが、相当の教養があり学問に理解を有つ人なら最望ましい。田部隆次など長く女の学校に関係していたから誰か知っていないかしら。これまでちょいちょい勧めた人もあったが一笑に附していた。今度はじめて真面目に考えるのだ。しかしまだ自分だけの考で誰にも話さぬ。若夫婦などどう考えるか分らぬ。もしよい人があったら君の意見として上田あたりを通して話してもらう方がよいかも知れない。

118　12月15日　由良哲次　〔転載〕　［「叡智的世界」独訳］

啓　御健康にて折角御研究の御事と存じます。私の「叡智的世界」の独訳の初めのページおよびその序文を拝受いたしました。私如きものの考えを独語にて紹介せられること、過分の光栄と存じます。しかしあの論文も甚だ不完全なものにて、とても外国に紹介せらるべきものではないと存じます。慚愧の至りに耐えませぬ。

近日の中、二、三年のものを集めて『一般者の自覚的体系』として岩波から出版いたします。その終りに「総説」というものを加えて置きました。しかしそれも不完全なものです。私は生涯これでよいという纏まったものを書き得ない人間、ただ一箇の旅人として何処までも未完成に終る人間でしょう。ただ自分の道を歩いているだけです。学界のためにどうこうしようという人間では御座いませぬ。

119　12月23日　由良哲次　〔転載〕　［独訳の発表取りやめ］

前二回の手紙において、あの論文の独訳を出版すること、小生一箇として差し支えなき旨申し上げましたが、その後、よく考えて見ますに、あの論文だけでは、ほとんど小生の考えが分らず、余程詳しい全体の叙述がなければ、だめと思います。あの論文の訳だけでは、きっとドイツの学者には、訳の分からぬ東洋人の囈《うわごと》としか思われないであろうと思います。彼らには、たんに東洋人の顔色はいやに黄いとか、下駄や傘は妙なものだというような好奇心を満たすに過ぎないでしょう。もし将来、小生の考えがドイツの学界に紹介せられるなら、もっと全体を総括した叙述の如きものが、紹介せらるることを希望いたします。

君が折角苦心して訳せられたものを打ち壊すのは、情において誠に忍びないが、どうか、あれを出版することは断然やめてもらうようにゆかないか。甚だすまないが、どうか御願い申します。

私一箇のことはどうでもよいが、要するに私が国の学界を恥かしめるのは、忍び得ないと思いますから。

120　12月24日　西田外彦・麻子　京都より　〔暖かい静かな生涯を送りたい〕

私が○○氏という様な人を考える様になった心の移り行きは次の様な次第です。私のこの十年間というのは静な学者的生涯を楽んだというのではなく自分の唯一の supportであった妻が死人同様となると共に病人の上に病人ができ特に友の病後の如き人間として殆んど忍び難い中を学問的仕事に奮闘したと思うのです。家内歿後数年も三人の女の子の結婚問題というのに心を悩まされ全く自分というものについて考える暇がなかったのです。その間麻子などにもどれだけ苦しい思をさせたかも知れないと思うのです。その点は誠にすまない。それは自分に分らないのではなかったが自分の境遇や性格やから已むを得なかったのです。近頃梅の問題もかたづき静の将来に対しては自分の考が定まり、友の事もいろいろの人々の同情によって遠からぬ中どうにかなるだろうと思うにつれて時々自分というものを省みると共に深い孤独の感に打たれるのです。十年間緊張しきった心がゆるみを覚えて押しつけていた人間性が反逆的に何等かの慰藉を求める様に思うのです。そして今後何年かを暖い静な生涯を送って見たいという念が起ることもあるのです(私はそういう human weakness を多量に有った人間なのです)。それと共に今後なお学問的に成し遂げたい仕事が沢山残って居る。いろいろ書いて見たいことがある様に思われる。然るに自分はだんだんに物事が億劫になり書物の出入、机上の整頓も面倒だ。特に自分の本当の仕事は自分自身でなければできないが、そうでもない少し頭のよい人なら話してその要領をかいてもろうてもよい様なこと、また自分の書きちらしたものを整理してもらう様なことには誰か相当に理解のある助手云わば secretary の様なものがあってくれればよいと思うのです。以上述べた様なことから朝永君が話したことから○○氏という様な人を思う様になったのです。無論○○氏というのはただ数回顔を見た位で話したこともないが、○○君の話によっても非常に記憶がよく明晰な頭を有ちそして暖いやさしい心を有った人の様に思われるので身体の不自由ということは万々承知しながらもそれ程今云った様な目的に合うた人は一寸得難い様に思うのです。単に手足を働かす人なら誰でも得易かろう。○○氏にも十分にこういう私の考を理解してもらいたいと思うのです。しかし私の考が間違って居るかも知れない。自分にも何だかこの夏の酷暑を通して著作に従事した結果多少神経衰弱に陥っているのではないかと思われる所もある。間違って居ると考えられたら遠慮なく云ってもらいたい。自分はいろいろ弱い心を起すと共になお何処か心の底に深い澄んだものが残って居り静に孤独そのものを味って行くこともできる様にも思うのである。

121　12月25日　西田外彦・麻子　京都より　［再婚に対する反対］

梅子が昨夜帰って来て割合によさそうなので安心いたしました。昨日ただ自分の思うままを赤裸々に申上げたが子供達の方で少しでも面白くないという考がある様なら断然やめたいと思います。私の心の底には何処までもすなおに与えられた境遇に処して静に死の神の鎌をも受けたいという勇気も湧いています。昨夜ノヴーリスの「夜の歌」などよんで特にそんな感もいたしました。この頃よくねられぬので神経衰弱の結果いろいろ弱い心が起るのかも知れない。

122　12月28日　和辻哲郎　京都より　［心の慰藉を求める］

私のこの十年間というのは静な学者的生活を送ったというのでなく、種々なる家庭の不幸に逢い人間として堪え難き中を学問的仕事に奮励したのです。そして正直に申上げれば今は心の底に深い孤独と一種の悲哀すら感ずるのです。この夏の酷暑を通して著作に従事した故かこの頃は特にそういう感じが強いのです。できるなら今後幾年かの慰籍〔藉〕ある暖い生涯を送って見たいという念が起って来るのです。

今私の考える様なそして外彦夫婦等も喜んで迎えてくれる様な人を求めると伊吹氏の外にない様に思うのです。私の仕事の手助けと云っても私の仕事は無論他人の手をかる様なものでなく、ただ少し頭のよい人でも始終傍に居れば自分の気の向いた時雑談的に誰にでも分る様なことを話しそれを纏めて置いてもらってもよいと云う位のことに過ぎないのです。それも私の気分次第で果してどれだけでき〔る〕ことやらまた私の事だからできないかも分らない。できたとて真に軽い意味のParerga und Paralipomena(9)〔余録と補遺〕にすぎない。そんな事が何も条件となる訳でも何でもない。私は真に無精者ゆえ机上の整頓や書きちらしたものの整理をしてもろうてもよい。また一緒に外国の詩や小説のようなものをよんでもよい、そういう心の尉籍〔慰藉〕から私にまた新たなArbeitkraft〔研究の力〕が出てくるかも知れない。

昭和五（一九三〇）年

123　1月4日　和辻哲郎　京都より
[human weakness をもった人間]

旧臘《きゅうろう》は貴兄御夫婦に思わぬ御迷惑をかけまた伊吹氏に対しては甚だ礼を失した様に思い心苦しく思っています。はじめは単に自分だけにて自分の仕事の手助けをすると共に身の廻りの世話をしてもらう人をと考え御相談申上げ〔ママ〕だのでしたが外彦夫婦に話すと共に全然家の人になってもらうという様な色合が俄に濃厚になったのです。無論私も長くいて心易く世話をしてもらうにはそれだけ同氏の一身上について責任を有たねばならぬと考えていた次第であり、そしてそれは甚だ軽卒なすまない考であったか知らぬが伊吹氏の体の具合から考え結局家の人となってもらうという事が自他共によい事ではないかと考えたのです。〔中略〕

私は時に深い孤独を感じ慰籍〔藉〕ある生涯を望むということもあり、元来多量のhuman

weaknessを有しfantasyにみちた人間なのです。私は正直に自己自身を告白して私のありのままに見てもらいたい。モンテーン[10]と共に。

They who do not rightly know themselves may feed themselves with false approbation; not I who see myself, and who examine myself to my very bowels, and who very well know what is my due. I am content to be less commended, provided I am better known. I may be reputed a wise man in such a sort of wisdom as I take to be folly.

〔自分自身を正確に知らない人は、まちがった賞讃を糧に生きていける。私は違う。私は自分を見、底の底まで調べ、何が自分に帰せられるかをよく知っている。もしよりよく知られるのであれば、たとえそれほど賞讃されなくとも、私は満足することができる。人々は私のことを、私が愚かだと思っている賢さのせいで、賢いと言っているのかもしれない。〕

と云いたい。しかしまた私は与えられた如何なる境遇にもすなおに服従して孤独なら孤独そのものを味って行きたいという心の基調を失っていないのです。人はすぐ性的意義というものに重きを置いて考えるから変に思われるのであるが、嫁の世話になり孫と遊んで余生を送るということが(それが所謂よき老人かも知らぬが)老人の理想であるべきならとにかく、自分の生命のあらん限り何処までも向上発展し自己自身にあるものを何処までも進めて行きたいという事も老人の一つの考え方ではないかと思うのです。そういう立場から考えるという事もそういむべき悪いことではないかと思うのです。そして自己弁護になるか知らぬが私の如き生来の無精者でありかつ melancholy に陥り易いものには暖い心をもって自分の世話をしてくれる慰籍〔藉〕者のあるという事は望ましいことの様に思うのです。しかしそういう立場から自分の考える様な人は中々あるものでなく、私は未だ嘗て一度もそういう目的を主として考えたこともなく今もそういう目的から何も考えて居ない。

禅僧とか Catholic Priest とかいうものならとにかく、私は Hagestolz〔独身主義者〕というものをエライとも何とも思わない。Religiosität〔宗教性〕というものには深いあこがれを有っているが人間性を否定した形式的な宗教的生活というものは私の好む所ではない。真の Spinozismus〔スピノザ主義〕は中々人間の到り得ないものであり、またそれが人生の理想とか真理とかいうことすら考えない。私の「無」というのは各人の自由を認めいかなる罪人をも包む親鸞が果してそういうものかどうか知らぬが親鸞の如き暖い心でなければならぬ。東洋文化の深さ貴さを感ずると共に豊富にして自由なる人間性の偉大なる発展と見るべき西洋文化に対する憧憬を失うことはできない。雪舟の画や漢詩の如きものに趣味を有すると共にレムブラント(11)の画やゲーテの詩の如きものに動かされざるを得ない。年わかい Ulrike v. Levetzow との結婚を考えた老ゲーテを嘲けるよりもその人間性の偉大を思わざるを得ない。
そういう立場から見れば今度の事は、

　　われのみの見し夢なればまぼろしと知れとも事の思ひあまれる

とでもいうべきか、そう realistic に考えてもらっては困るが。
冗談はとにかく今度の事は誠にすまなかった、荊《いばら》を負うてその罪を謝しても余あると思う。伊吹氏にもどうかその意を御伝え下さい。

［弁証法を包む絶対無の自覚］

124　2月8日　田辺元

一般者の自己限定が三つのものになるかどうかまだ深く考えていませぬが、そういう限定は要するに Ich〔自我〕の Dialektik〔弁証法〕ということになるだろうと思います。絶対無のノエマ的限定というものは無の自己の知的 Schauen〔直観〕というものになるでしょうが（自覚をカントやフッサールの様に reines Ich〔純粋自我〕にまで transcend〔超越する〕して行って）それが無の自覚的限定としてそれにおいて見られるものが dialektisch〔弁証法的〕なものであり即ち Ich（それの Sein〔存在〕そのものが Widerspruch〔矛盾〕として）とすれば Ich そのもの〔の〕Dialektik が一般者の自己限定の段階をきめるということになるでしょう。

絶対無の自己限定というものが無の限定として stromartig〔流れのような〕でありそれが Allg.〔一般者〕が Allg. を限定するとすればこういう限定は主にあるもの〔の〕Widerspruch in sich selber〔自己自身における矛盾〕として willentlich〔意志的〕ということであり逆に Ich の Dialektik が一般者の自己限定を characterize〔特徴づける〕するということになるでしょう。

ただ単なる Dialektik と異なる所は Dialektik が絶対無の自覚として見られると考えることであり Dialektik の底に Schauen というものを考えるにあるかと思います。

絶対無の自覚というものは Ich の Widerspruch を包むもの Dialektik を包むものとして考えられることになるとも云えるかと思います。

右の如き問題を考えるのはなお大分後になるかも知れませぬが今の所一寸そう考えられます。

貴兄の言によっていろいろ問題を考えさせられて行くことを感謝いたします。

Dialektik を包んで居る無の自覚という如きものは普通に考えられないものかも知れぬが、私はそこまでゆかねば真の自覚の Grenze〔限界〕に達したと云われない様に思うのです。自己を失った所に真の自己を見るという風に。

125　2月8日　和辻哲郎〔託便〕　〔経験の根底にある自己を見るもの〕

ハイデッケルのOn〔存在するもの〕というものを私の無の自覚のノエシス面においてあるとして（氏は無論そういうもの考えて居るのであるが）考えればそれは私の方からあまり異論はないのです。しかしその時はAusdruck〔表現〕というより自己をausdrücken〔表現する〕する即ちOnがすべてIchという性質を有って〔ママ〕ものでなければならぬ。無論氏もsich selbst〔自己自身〕をauslegen〔解釈する〕するものと考えて居るのだからそれもよろしい。しかし最後に氏の様に単にErlebnis〔経験〕のIchにくっついてのみ考えてゆくのでは歴史的のものはよかろうがイデー的に自己自身をvollenden〔完成する〕した様なもの、即ちgedachtes〔思惟されたもの〕なもの例えばNatur〔自然〕の様なものは出て来ない。それには私の考えた如くErlebnisの底に自己自身を失った自覚的なもの即ち自己自身を見るものというものが考えられErlebnisというものがその限定面という様に考えら〔れ〕ねばならぬかと思う（つまりErlebnisの自覚というものが考えられねばならぬ）。NaturとかMathematisches Sein〔数学的存在〕という如きものはErlebnisを離れたノエマ的限定という意味を有っていな〔け〕ればならぬかと思う。Erlebnisに対してobjektive Bestimmung〔客観的限定〕の意味を有っていなければならぬかと思う。今日の現象学的な考え方に対してカント哲学の優れた点はここにあるのではないでしょうか。今日の現象学はどうしても quid facti〔事実問題〕の立場を離れないので quid juris〔権利問題〕の立場を十分に考えていないかと思う。

また御目にかかった節御高教を願いたいと思います。〔中略〕

ハイデッゲルには死にゆく所はあるが生れ出る所がない、それは私のいう如き一旦自己自身を失った行為的自己からでな〔け〕ればならぬ。

126　2月10日　**山本良吉**　京都より　〔再婚については断念〕

私の事は当地に居る嫁の友人にてよいと思う人があったが、先方がすすまぬのでそれきりになりました。多年心労の結果にや昨年の秋は実に堪え難く思いましたがこの頃はまた少しずつ英気を恢復して来る様にも思います。ただ今度出した書物[12]はなお私の考の序論にすぎない様に思われ、今後少くもなお十年は働かねばならぬ様に思い、どうも人間は人間に勝つことができないからそういう人によって心身の安慰を得て自分を renew することができないかと思うが、またこの頃このまま押し通して行こうという気分も湧いて来ます。ただ旧友の真情身にしみてうれし〔く〕感じます。

127　2月15日　**木村素衛**　京都より〔はがき〕　〔万葉の歌はよい〕

御手紙拝見いたしました。フィヒテの訳[13]のはじめに何か書くこと承知いたしました。短な感想位のものならかけましょう。万葉の人々の歌は真によい、技巧なくそのままにて深く打たれます。

128　5月30日　**岩波茂雄**　京都より　［検挙された三木清］

先日来長々御厄介に相成り難有御座いました。自分の家であるかの様な心持いたし、のんきにいたして居りました。三木[14]はその後いかが相成りましたでしょうか。まだ中々出られそうでありませぬか。何とかして重大な事にならずにすめばよいがと祈っています。

129　6月12日　**務台理作**　京都より　［田辺元の「西田先生の教を仰ぐ」］

信州における夏の住居の事につきいろいろ御配慮下され御厚情深く感謝いたします。鈴木大拙の世話にてやはりこの夏は鎌倉の円覚寺の方へゆく事にいたしました。しかし先日守屋氏に話した事でもあり八月の末か九月の始頃一寸信州へ話しにゆこうかと思っています。田辺君の論文[15]誠に真摯な態度にして学界実にかかる気分の盛ならんことを切望に堪えませぬ。さなくば我国の学問の進み様がないと思います。しかし私より見れば田辺君はまだ私の立場及び根本的な考え方を十分理解していない様に思うのです。これから必ずしも同君に答えるという意味ばかりでなく自分の考を明にする意味にてだんだん書いて行こうと思います。先ずその中〔二、三月後〕「思想」にでも「場所の自己限定としての意識作用」というものをのせますから御一読下さい。

130　7月22日　**本多謙三**　京都より〔はがき〕　〔階級と場所の自己限定〕

御論文[16]面白く拝見した。君の階級というものは私の場所の自己限定という如き意味を有ったものの様に思わる。いかん。

131　10月20日　**和辻哲郎**　〔はがき〕　〔夢窓国師の『夢中問答集』〕

先週は運動週間で休なりし由、長野の方へは講演にでも御出でしたか。夢中問答は面白い。万物黙より出でて黙に帰す、黙はSphärenmusik〔天空の音楽〕の音かも知れませぬ。

132　11月18日　**山本良吉**　京都より　〔浜口雄幸襲撃〕

皆で湯河原へ御出になったと見ゆ。先日誰かが君が胃がわるくて文部省の会とかに出られなかったと云っていたがもうよろしいか。浜口という男がやられるなど実にひどい、だんだん灰色の冬の日が来る。友(17)がかたづいて非常に安心したがまた一層さびしくもなりかつ不自由にもなった。嫁の考えた人は皆だめらしい、私もうこのままでという気にもなって居るが、それでも自分の考える様な人があったらとも思う。何か話をきく様なことがあったら知らせてくれ玉え。お嬢さんの件はどうなったか。

133　12月5日　**長島喜三**　京都より

［哲学には自己に沈潜することが必要］

御手紙難有う御座いました。哲学は実験を要する自然科学と違い史料を要する歴史と違い深く深く自分の中に沈潜することによってその人その人の哲学ができると思います。どうか一日も自己自身の中に沈潜し自己の思想の世界を構成し行くことを忘れない様に。我々の中に永遠なるものがあるかぎりそれは何等かの意味において永遠の意味を有つでしょう。御健康を祈る。

昭和六(一九三一)年

134　1月4日　三宅剛一　京都より　［ハイデガーの真理と時間］

ハイデッゲルの様に Wahrheit〔真理〕をただ Unverborgenheit〔非覆蔵性〕として見るという事は十分ではありませぬ。事実真理はそんなものでありませぬ。それはただギリシヤ的の考にすぎませぬ。

ハイデッゲルの考では Entwurf〔企投〕とか Entschlossenheit〔決意性〕とかいうもの〔の〕出る所が本当に分っていないのです。これにはどうしても私の「無の自覚」という如きものを考えねばだめです。

Zeit〔時間〕でもハイデッゲルの Zeit はどうしても möglich〔可能的〕な Zeit で actuell〔現実的〕の Zeit ではない。actuell の Zeit は Augenblick〔瞬間〕を中心として考えねばだめです。私は Dialog Parmenides〔対話編パルメニデス〕[18]の中で τὸ ἐξαίφνης〔忽然〕の処を非常に面白いと思う。先日よりかいたものを二、三、四月の「思想」に出します。御帰朝の節お目にかかって大に話しましょう。私はこの頃 Barth〔バルト〕, Gogarten〔ゴーガルテン〕

の dialektische Theologie〔弁証法神学〕に非常に興味を有っている、私の「無の自覚」と共鳴する所が多い。

尾高、臼井二君健在なりやよろしく。

ハイデッゲル氏ベルリンに行くという話ありと真か。

135　2月5日　**岩波茂雄**　京都より　〔天野貞祐の『純粋理性批判』の翻訳〕

御手紙拝見いたしました。貴兄は風邪に襲われし由、こちらにも中々風がはやります。私は幸に風もひかず毎日例の如く仕事をつづけています。昨年の暮、三木から貴店から出すヘーゲルの記念論文集[19]に書いてくれと頼まれましたので、今それを書いています、もうできます。

天野のカント訳、木村のフィヒテ訳の出たことは誠に結構と存じます。特に天野のカント訳という如き位、骨を折った立派な訳は英仏語にもなかろうと思います。こういうものが出ても今の読書界はあまりふりむかぬかも知らぬがいつかは真面目にかかるものの読まれる日が来るでしょう、否来なければならない、来させねばならない。貴店はそういう意味で我国の文化史に大なる意義を有たねばならない。

私も人が顧みようがみなかろうが自分の信ずる所に従って、何処までも自己の思想の完成に努力する積りである、この残れる命を。

136　4月27日　**木村素衞**　京都より　［永遠の今の自己限定］

御手紙拝見いたしました。私は先日御尋の如き問題はただ私の「永遠の今の自己限定」という如き立場においてのみ解きうるものと信じています。私が自由意志の問題に入るのはなお少し後のことか知れませぬが。

今は永遠の今の自己限定即ち絶対無のノエシス的限定という如きものを「愛」と見る考[20]をかいています。だんだんにそういう問題に入ろうとおもっています。広島の方へ知人も多いし一度ゆきたいとは思っているのです。ゆけば無論今御話しいたしましょう。ただどうも無精で困る。

137　5月2日　**務台理作**　京都より　［務台理作の田辺評］

御手紙拝見いたしました。御健康お変りもなき由大慶に存じます。私も相変らずの状態にいます。君の転任の事どうも両大学[21]間にて何等かの妥協ができないとすれば致方もないこととおもいます。淡野君の事なおよく考えても見また朝永、田辺二君とも相談して見ますが、淡野自身の考はいかがでしょう。君の私の考に対する質疑一読いたしました。田辺君に対する考は大体よかろうと思います。田辺君は否定原理の出所を問題にするが絶対無の中に否定が含まれて居り、さなくば絶対無の自覚という如きことは考えられないのです。同君は私の「無」を十分理解していない、この頃大分理解してくれる様になったが。君の考は大分よいがそれでもまだどうも十分徹底しない。私は今、絶対無の自覚的限定として永遠の今の自己限定というものをそのノエシス的限定の方から愛の自己限定と見ることをかいている。今度のものはまだそういう考の始の Trial ゆえ混雑しているが。

138　6月23日　岩波茂雄　京都より　［再度再婚の話］

今度の私の事(22)については御多用なる中をいろいろ御配慮を忝うし御親切の段、誠に御礼の申上げ様も御座いませぬ。数ならぬ我身、身にしみて難有感じます。間接に人から聞くということはもうこれ以上に聞き様も御座いますまい。先方の人はどういう考を持たれるかしら。私の如き年齢、私の如き境遇にあるものの為に一生をささげるということも。そういう人から可なり大なる犠牲を要求することであり気の毒にもおもう、私はそれ以上の人をまたその外の人をという考はないが、愈《いよいよ》となれば私も考えさせられる様におもう。この年にて新な生活に入るのが幸福なのか、将《はた》またこのまま墓に入るのが幸福なのか。

139　6月24日　**山内得立**　京都より　〔死を前にして本当の真実が味わわれる〕

君のハガキは実に涙なくして読むことはできない。深い同情の念に堪えない。昨夜よんだ Shelley の「時」という詩の句に、

Unfathomable Sea, whose waves are years!
Ocean of Time, whose waters of deep woe
Are blackish with the salt of human tears!

〔底知れぬ海、その波は年！／時の海、その深い悲しみの水は／人の涙の塩で黒い！〕

ということがあったが誠に時の波の色は人間の涙をもって黒いと云ってよい。本当に何も分らないで孤児となってゆかれる幼子の行末をおもえば何の慰めの語も出ませぬ。また幼き児等を残してゆかれる御令室の心中も誠にいかばかりかと思います。人間死生の際のみ本当の真実というものが味われ平素の虚偽の生活をおもうて頭が下がるものです。

140　7月23日　**臼井二尚**　京都より　〔現象学の Denkweise〕

御手紙拝見いたしました。御無事御勉学の由何よりの御事と存じます。フッサール氏

の現象学というものには私もそう期待をもちませぬが、とにかく今は一通り現象学を知らなければ何も云い得ぬ様になっているから一通りその Denkweise〔考え方〕をのみこんで置かられんことを望む。

ハイデッゲル氏はいつか私が社会学の演習[23]のはじめに話した様なことを話されし由、私はあの様な〔ことを?〕近頃の自分の立場から一層明にして見たいと思うて居るが、何分いつも根本問題にのみ grübeln〔いろいろと思案する〕していて中々進まず。

141　8月3日　**木村盛**　〔封筒欠〕　〔吉野作造による京城大学への推挙〕

御手紙拝見いたしました。先日御出下さいました節は失礼いたしました。御話の義は私にはとても思いもよらぬことであり私は今後ただ一ケの老書生として残されたる仕事を完成する外もはや何等の余念を有せず。

吉野博士の御推挙実に私には身にあまる名誉と存じますがどうかはっきり私にその意志なき旨御伝え下さい。何卒あしからず。

142　9月5日　**山本良吉**　〔封筒欠〕　〔三木清の将来〕

いつか御話いたしました三木清の事、こちらに参りましてから数度尋ね来りいろいろ話して見ましたが、私はかねて彼の思想の根柢が元来所謂唯物論的マルキストでないと思っていましたが、だんだんそういう点が明になって来る様です。もう彼は実際運動などに関係する如きことはなかろうと思います。とにかく彼は学者として将来ある有能な素質のもの故、彼に今、刑を加えて動きのとれなくするのもどういうものかと思いますが、何か方法もなきものにや。

143　10月15日　**岩波茂雄**　京都より　〔山田琴との縁談〕

御手紙拝見いたしました。いろいろ御配慮御親切の段いつもながら感謝の至りに堪えませぬ。要するに山田氏は、

「私というものを評判のみにて少しも知らないから私というものに対して情愛の念というものが動かない」

というのです。それで手紙によって互に知り合いたいというのです。それは誠に尤のこと故、私は卒直に先方で知りたいと思う様なことは何でもあけすけに話すつもりですが、先方としては或は直接に私に聞きにくい事もあろうしまた私にしても自分のことは一寸云い苦いこともあるかも知れませぬ。そういう辺はまたよろしく願います。

144　11月7日　**岩波茂雄**　京都より　〔再婚を決意〕

先日の御手紙難有御座いました。尊兄多年の御心情唯々感謝の外ありませぬ。山田との件は全く決定いたしました。

ただ従来の関係上来年七月までは塾をはなれることはできず、従って一緒という訳にはゆきませぬが。老人共のことなり《〔ママ〕》特に私の流儀から式とか披露とか通知とかいう事は一切いたさず、今年中にも籍を入れて休などには時々こちらに来て家のことなど見てもらうということに致したいと思います。どうか左様御承知置き願上げます。

145　月日不明　**西谷啓治**　鎌倉より　〔はがき〕　〔無と有〕

神が無から世界を造ったという考はAugustinにあったかと思う。Creationということから云えばそうなるが神は固よりそういう有無を越えた絶対有である。無というものは元来無なのである。道徳的にも有はすべて善であり悪は無である。しかしこういう考は論理的には矛盾たるを免れない。

昭和七(一九三二)年

146　1月22日　木村素衛　京都より　　「一打の鑿」

啓　御送り下さいました「一打の鑿[24]」早速一読いたしました。禅に棒頭有眼[25]という語があるが名匠の鑿の一打一打にそういう意味がなければならぬとおもう。一打一打徹底的に見定めることでなければならぬ。而してそれは冒倹〔ママ〕的であると共に実に信仰の徹底でなければならぬ。

これを哲学的に反省的判断力の立場における弁証法と考えるもよいと思う。真の弁証法とは個物が一般を限定することでなければならない。

この論文は固より簡単で議論の至らざる所もあるが大体においてそのつかみ所が面白く、はっきりはせないがとにかく内容も豊富であるとおもう。そして私の考えて居る所にも結びつくとおもう。追記に云っていることも私には果してどうか知らぬが分る様におもう。しかしなお詳しく云わねばならぬかも知れない、特に五の所など。

147　3月27日　**山本良吉**　京都より

〔血盟団事件などの政治の動き〕

その後久しく御無沙汰しています。御変りもなきか。河合、八田、頭をならべて切らる。河合は却って本人もよいかも知らぬが八田はまだそうもゆくまじ。貴校この頃模様いかが。憲政堕落の結果、暗黒なる力の勃起、邦家の前途寒心に堪えざるものあり。

148　4月14日　**和辻哲郎**　田中飛鳥井町三一より

〔和辻の風土論(台風的性格)について〕

私の様に人格を無の限定と考えるものには「距《へだ》てなき結合」とか「しめやかな情愛」とかいうことがZweck an sich〔目的自体〕というよりより人格的意義を表す様にも思われるのです。無論こういう場合人格的というより「人間らしい」というべきであるかも知れないが。道徳的実在はこれまでの様に人格的というよりは人間的といった方がより具体的でよいかも知れない。人間は歴史的事物であり運命を解くべく与えられたAufgabe〔課題〕と申した如く歴史的に与えられた各自の使命の外《ほか》道徳的当為というものもなければ。〔中略〕

国民性のモンスーンによる風土的説明も面白く拝見いたしました。全く御同感です。

［社会と個人の弁証法的関係］

149　5月13日　**戸坂潤**　鎌倉より

君の送ってくれたものは皆よんで見ました。大変面白く大体において尤だと思われます。しかしこういう考え方だけでは真の個人意識というものがどうして出て来るかが本当に説明せられてない様に思います（個人意識の独自性を否定すればとにかく）。社会と個人とは後者より前者を説明できないと共に前者より後者を説明することもできない。互に弁証法的関係にあるものでなければならない。「自然科学とイデオロギー[26]」の論文も中々面白い、しかしどうもこういう考え方の基となる弁証法の本当の論理的構造が明になっていない様に思うが。

［無と愛］

150　7月13日　**逢坂元吉郎**　鎌倉より

御手紙拝見いたしました。媒介として私の所謂「無」というものは「無」という語によって人がすぐ想像する如き非人情的のものにあらず。私の「無」の自覚というのはAgape〔愛〕の意味を有するものにて三位一体的の Coequality の意味も出てくると思うのです。それから客体的な存続というものが私の考にてそれ自身の権威を失うにあらず却ってそれがなければ私の自己の中に絶対の他を見ることによって自覚するという意味がなくなるのです。この点誤解なき様願いたい。

151　10月4日　**戸坂潤**　京都より　［マルクシズムをめぐって］

その後いかが御変りもなきか。「経済往来」の君の批評[27]を一読した。理解のある大変よい批評だと思う。教えられる所多いことを感謝する。私のこれまで書いたものが解釈学的だと考えられるのは無理もなかろう。私はまだプラクシスを中心とした私の考を書いて居らぬ。無論それをかいたとて満足を与えないだろうがそれでも従来ありふれたものとは多少違うだろう。しかし私は行為の問題を論ずる前に十分にいろいろのものの本質を明にして置かねばならぬと思う。物質とか感覚とか自己とか意識とか社会とか歴史とか行動とかいうことその事すらも。

　とにかくそういう語を用いて議論する以上先ずそういうことが必要かと思うが。私はマルキストではない。マルキストはeinseitig〔一面的〕で徹底しない所があると思う。しかしマルキストというものは十分に理解しその取るべき所は何処までも取りたいとおもう。ああいう批評はどうか遠慮なくどしどしやってもらいたい。この頃のマルキストの批評はただ厭味と罵倒のみで何の益する所もない。「私と汝」との〔ママ〕レジュメの様な「生の哲学について[28]」というものを送った。神学的な所は気に入るまいとおもうが person

という考は従来のものを一変したと思う。

152　10月20日　**伊藤吉之助**　京都より　［金子武蔵と六女梅子との結婚］

その後御無沙汰しています。お変りも御座いませぬか。さて、本月三十日かねて御配慮を忝うした小生の末娘（梅子）と金子武蔵氏との結婚式をあげたいとおもいますが、極めて簡単に内々にいたし御披露と申す程のものでもないが貴兄もし御差支なくば一寸でも御出席下さいますれば光栄の至りと存じますがいかがで御座いましょう。御迷惑とは存じますがどうぞお願いたします。

153　11月8日　**山本良吉**　京都より　［国家の前途を思いやる］

一木さんも長くないという事私も仄聞《そくぶん》しています。さて後は中々むつかしいと思います。万一、一木がやめるという事になれば平沼という事が強い勢力をもって起って来ることは明と存じます。しかし平沼という事は私は大反対と思います。我国の皇室というものが、反動的な思想勢力と結びつくという事はこの上なき危倹〔ママ〕の事と存じます。今日の如き状態では内大臣、宮内大臣は公明正大にして大局が分り眼を遠く将来の国家の進運の上につける人でなければならぬとおもいます。総理大臣は一時的の人でもなお可なりだが、さてそういう人というと中々むつかしいが、とにかくこの際は経歴や情実を無視してできるだけ立派な人物を探し、もしそういう人があらば強いても献身的にやらせね〔ば〕ならぬ時とおもいます。さなくば、皇室のためにもお気の毒なり、国家の前途寒心の至りと存じます。〔中略〕

文部省の精神文化[29]というもの、あれはとてもだめだ。私は今後私の力のつづく限り自分で書くと共に周囲に優秀なる青年学徒を集めて、これ等と弁論討究してこれ等の人を少しでも思想的に陶冶したいと思う。万一それによって思想上学術上何等か少しの結果を残すことを得ば我事足れりだ。

昭和八(一九三三)年

154　6月5日　**堀維孝**　京都より　〔滝川事件〕

御手紙拝見いたしました。お変りもなき由。京大の問題誠に紛糾今の所収拾するに策なし、誠に困ったものと存じます。小西君誠に気の毒なり、同君かかる場合における総[30]長の器にあらず、滝川をそう弁護することもできないが蓑田とかいう男の悪宣伝が本となり滝川のことについては悪宣伝も多き様なり。「君」などもその種にあらざるか。文部省はいろいろ理窟をつけて何でもかでも滝川さいやめればよいと云った風に見ゆ。

私はこの夏、この春居た近辺姥ヶ谷の近在の松山の中の家にゆくつもりなり。その中お目にかかることと存じます。

155　9月8日　**西田静子**　鎌倉より　［三女静子の将来を案ずる］

この頃は体はいかが。また熱でも出ないか。お前は画のことでも何でもあまりに先《サキ》を見ずに熱心になり自分の体というものを忘れる様では何事もできぬ。何をするにも摂生というものを忘れる様では何もならぬ。お前の体はそういう人なみの体でないのだからその点を深く気をつけねばならぬ。

二科に入選したとてそれで独立の生活ができてゆくものでない。そんな人位はざらにある。津田の様な大家ですら画家に［ママ］食うに困って居る世の中だ。

これから日本の経済界はだんだん利子というものが低くなりとても利子で食って行くということはできなくなるのだ。お前はまだ世の中の事が何も分らぬからそんなことをのんきに考えて居るのだが中々そういう世の中ではない。今後は世界の大勢から皆そうなって行く。私の今こういうのが後日そういうことが分ってどんな悲惨な身になるかも知れない。その時後悔してももはや仕方がない。私の今こういうことをよくよく覚えていてもらいたい。私もだんだん年がいってそういつまでもという訳にゆかぬ。ただ、日夜心配になるのはお前と友のことばかりだ。画をやるなというのではない。将来自分の独立して行く途を考えねばならぬ。将来の世の中はどうしても働かないものは食うことができなくなるのだ。

156　10月6日　木村素衛　鎌倉より　［芸術家的気分になれない］

御手紙難有御座いました。いくら気候や食物がよく景色がよくとも歴史的香のない所はやはり物足らぬとおもいます。その点鎌倉は海あり山あり到る所古蹟に富み理想的ですがそれでも人間はやはり友達がないと何となく物淋しい様に思います。十四、五日には帰洛いたします。どうか話しに御出下さい。

先日高坂君来訪、ここでは詩か歌が出なければなるまいと申されましたが私はこの頃頭が哲学的思想に蔽《おおわ》れて芸術家的気分になれ〔ママ〕はませぬ。年がゆけばゆく程仕事に追われる様な感じがしてならないのです。

157　10月7日　**西田外彦**　鎌倉より　〔次男外彦応召〕

きょうで慶応の方の話もすみましたのでこの十二日に一寸学士院の会(31)に出てすぐ帰ります。きょう麻子からの端書によれば所沢の方へ召集せられる由、大阪の方に講義をすることになっていた際誠に残念とおもいます。しかしそういう事に少しも挫折せずその間一月間は已むを得ぬとして勉強をつづける様に努力せられる様祈ります。学問をつづけてゆくにもいろいろ故障が起るものだからそういう事に挫折せず何処までもつづけてゆかねばならない。何をしていても始終問題が頭の中にある様にならねばならない。召集さるれば召集される日まで出てくれば出てきた日からという様心がけねばならない。学問というものは一日でも離れてはならないものだ。アインシュタインなどいう人は日本に来た時電車の中でも始終紙切をもっていて計算していた。

158　10月17日　**山本良吉**　京都より　〔唐詩は美しい〕

唐詩は実に美し。泰西この文学あるなし。私もいつか詩作にても耽って見たいとおもうが何分次から次と思想が湧出していまだにその閑なし。寸心とは私もあまり面白〔い〕ともおもわぬが雪門老師が居士号としてくれたものなり。

159　10月26日　**熊野義孝**　京都より　［熊野の『終末論と歴史哲学』］

拝啓　御恵与の終末論と歴史哲学[32]を今夜大半拝読いたしました。大変に面白いと存じます。自分が全く哲学的に考えて来た結果と非常に接近したものと存じます。私はこういう考を哲学的に基礎づけ様とおもいます。

160　12月19日　**三宅剛一**　京都より　［哲学は生命の底から出てこなければならない］

御手紙拝見いたしました。御変りもなき由。

プロテストは私が最も喜んで聞きたいとおもっている所です。しかしどうか「人間学」とか「生の哲学」とかいう薄っぴらなものを読むだけでなくどうかもっとよく読んで下さい。少くとも今度のものだけでも。

ハイデッゲルの仕事は私も十分に敬意を表しますがあれではどうしても深い実在や人生の問題を取扱うことのできるものでない。日本の学徒はただ独逸の人の書物をよみそのやり方をのみ込んで器用に用いるが本当に自分の心の底から真剣に命がけに考えるということがない。これではいつまでも模倣に終るのみである。我々の生命の底から出た哲学ができる筈がない。もっと我々日本人のものを互に読み合って我国に学問の Publikum〔読者・公衆〕というものを作らねばならぬとおもいます。学問は一人の力にてできるものでない。

161　12月30日　**下村寅太郎**　京都より〔はがき〕

［アインシュタインの講演］

高木氏の近世数学史[33]をよんで非常に面白くおもいました。ああいう本をおよみに〔なる〕ならまた見せて下さい。きょう岩波の「科学」のアインシュタインの講演をよんで面白いとおもいます。私の弁証法的一般者の限定、場所的限定を物理学にあてはめたら丁度ああいう考を裏附けるものとおもいます。

昭和九(一九三四)年

162　3月13日　**原田熊雄**

［日本の日本ではなく世界の日本］

拝啓　先日のお手紙に時局多端何となく多忙にて不愉快の空気の中に幾分の光明を感じて働き居ると御座いましたが今後我国もいか様になりゆくにや。今年の議会では何だか少し明い気持がしてやはり議会というものの存在理由を感じた様ですが政党というものがもっと根柢的にどうかならぬものにや心細き次第と存じます。日本を中心として考えるということは申すまでもなきことながら単に日本の日本というのでなく世界の日本として考えねばならぬと思います。然らざれば大亜細亜主義などというも意味のないことと思います。将来の世界というのは今日一派の人々の考える如く各国孤立の国家主義に落つくのではなく何等かの意味において世界的協調ができなければ落つかないのでないでしょうか。今日各国の悩は本当はそこにあるのでないかとおもいます。我国の政治家達もそう云う所に着眼してもらいたいという様におもいます。

163　7月3日　三宅剛一　京都より　〔自分の腹の底から出てくる哲学が必要〕

数理哲学というものも私の考ではもっとLogicというものを深く考えLogicを新にせなければ本当でない様に思われます。ただこれまでの様なLogicの考とIntuitionの考とではいかが。この頃のハイデッゲルの様な見方を応用して数学なども歴史的に見るという如き見方も面白いがそれでは数学の哲学的Begründung〔基礎づけ〕にはならないではな〔い〕とかと思われるがいかん。

私の考をそういう方にして書きたいとは思うがいつになったらそういう様なことができるか、どうもだんだん年をとってそういう時はもう思考力も失せてだめになった時だろうとおもわれます。

ただ私は従来の考え方というものを根柢から変して見なければ新らしい哲学の発展というものはできない様に思われるのでどれだけ役に立つか知らぬが少しずつでもそういうことを努力して居る次第です。誰かに何かに役立では《〔ママ〕》幸だが或は全く何物にもならないかも知れない。それならそれでもよい。すべて反古にしで《〔ママ〕》もよいのだ。ただ私は日本人はもっと自分で深く考えねばならない。今では日本人は相当深く独逸哲学及びその他を理解することができまたそれを小器用に応用することもできるがどうも深いもの大きいものがない。ただ人真似に過ぎない。自己の腹の底から出るものがない。哲学は芸術の如く生命の発現にてただLernen〔学習〕とAnwenden〔応用〕とだけでは何の意味もない。

164　9月2日　木村素衞　鎌倉より　〔東洋の世界観人生観を基礎づける〕

御手紙拝見いたしました。御健康だんだんおよろしき由安心いたしました。学校の事など何も考えないで一意専心健康をよくする様御考えになるがよろしいと存じます。

哲研の拙文[34]をおよみ下さいました由、私はああいう立場から将来に新しい哲学の途が開き得るものと信じ居り、またそれが東洋の世界観人生観を基礎づけるものと考えて居るのであるが私自身は年老いてももう何もできないと思うので御座います。少しでもそれが有能な若い人々に理解せられ何等かの参考にもならば私の本懐之に過るものはありませぬ。今春来かいたものを集めて「哲学の根本問題」の続編として今秋出版するつもりで御座います。いろいろかかねばならぬのでまだ宗教については急に筆をとるという訳にゆきませぬ。

165　9月4日　**和辻哲郎**　鎌倉より　［「形而上学的立場から見た東西古代の文化形態」］

過日は遠方の所をわざわざ御出下さいまして難有御座いました。いつか御話し申上げました私の柄にない文化論(35)が「文学」に出ました。どうか見当違いの変な所があったら御遠慮なく御教示を願います。少し訂正して今秋岩波全書の「哲学の根本問題」の続編の終に附加しようかと思っています。雑誌は多分始終御手許にいって居ることと存じますので御送りいたしませぬがもし参っていませぬでしたら御送りいたします。

166　9月23日　**鈴木大拙**　〔はがき〕　［平常の心即大道］

風はいかが、損害もなかりしか。

禅の方に道は何も平常《不断の》の心と変らぬものの〔ママ〕とか平常不断の心即道(36)とかいうことを云い表わした語句が多くあろうとおもう。ただ日常の生活が即大道という如きこと。そういう語句に面白きものなきや、御教示を乞う。

167　10月5日　**務台理作**　京都より　［信濃哲学会での講演］

信州哲学会の事[37]私自身の方はそれだけのこと何でもないと思うが、ただ折角遠方の所をいろいろして出て来られても十分分る様に話しもできずいつも甚気の毒に思うので御座います。なおよく考えて見ましょう。どうも私の哲学というのはまだ人に参考にまでにという位にて、十分に確信を以てすべての問題を分りよく話すというに到らないもの故。

昭和十(一九三五)年

168　2月5日　**三宅剛一**　鎌倉より　［哲学の中心問題は歴史的実在］

現象学者の様に意識の立場からBeschreibung〔記述〕という如きことで満足して居ればそういう風に物が見られぬこともないがそれではWirklichkeit〔現実〕というものは考えることはできぬ。経験といっても体験といっても主観主義的立場を脱していない。

従来の哲学の中心問題は歴史的実在にあるとおもう。ハイデッケルの立場と云ってもそういう問題に入り込る《〔ママ〕》ことのできる立場でない。今の日本の若い学者達はその立場が何処まで到達し得るか、その行先を洞見することなくして徒らに盲従して居るかに思われる。

君には私の立場がアリストテレスやヘーゲルなどと異なり何か古い形而上学的と考えられるかも知れないが、ハイデッケルなどがアリストテレスをhermeneutisch〔解釈学的〕と考えるのはただ一面のみを見た浅薄な考だとおもう。無論私はア氏ヘーゲルの論理とは違う。しかしあれでは歴史的実在というものは考えられないのだ。現象学の如き立場は自己とか意識《デカルト以来近世主観主義の伝統として》とかいうものを出立点とするがその前に我々〔は〕自己と意識というものを考え究めて見なければならない。

169　2月11日　熊野義孝　鎌倉より　〔ケノーシス〕

拝呈　御高著[38]京都から廻送して参りました。難有御礼申上げます。ケノーシス論など面白いと存じます。私もオントロギーの上からは「無の限定」といいますが御考の如きことを考えないのではありませぬ。ただいつまでも論理之問題が片づかないので困ります。

170　2月24日　**西田外彦**　鎌倉より　［最近の物理学は面白い］

原子核構造の問題折角御研究[39]の由何とかして物になればよいが。ラッサフォード、ボール、キュリー・ジョリオの所へ送りましたか。ネーチュア[40]には何時頃出るか。先日のブロイーの波動力学を一寸よんで見たがコルパスクルと波動とを一つに考え光の速度のものがマッスがゼロになるとする考などいかにも面白い。あの人なども中々思いつきのよい人だ。この頃物理学は中々面白い、ただどうも数学や力学の素養がないので困る。

来月末こちらに来たい様ならそれまで待っていてもよい。そう急いで帰らねばならぬこともないから。

171　3月29日　**原田熊雄**　鎌倉より　［美濃部の天皇機関説の問題、憂慮の至り］

過日は罷出《まかりで》誠に難有御礼申上げます。はじめて興津辺の風光を見物いたし愉快に存じました。一度大磯の方へもと存じていましたがその暇なく明後日帰洛いたします。何卒御健康御大切に。美濃部問題なども新聞によれば陸軍が口を出しかかる様なり。どうなる事やらと思れます。万事この調子では国家前途の為憂慮の至りに堪えませぬ。

172　4月29日　**堀維孝**　京都より　［高山岩男の『西田哲学』］

高山というのは私のやめる時卒業したものにてなお若年ながら優秀のものです。今当大学の講師をして居るものです。この書は大体そう誤って居るものではありませぬ。ただ、頭でかいたもので深い所を摑んで居るものでない故、哲学を勉強するものが私の著書をよむ手引としてはよいものと思いますがその他の人にはどうかとも思われます。

173　5月19日　**山本良吉**　京都より　［法律の哲学的歴史的研究が必要］

学者には学問上十分の研究をさせなければ将来真に学問上権威ある日本憲法の理論というものはできないと思う。ミノべ氏の説をよいと云うのではない。他の説がまけたのは他の学者が学識才能の足らざるによるのである。先日も御話した如く日本の法学者は法律の哲学的歴史的研究というものを怠って居る。そこから深く根本的に研究せねばならぬ。軍隊では学問の解釈も権力で定めてよい様に思うかも知らぬが、それでは却って学問の進歩を阻害することとなると思う。将来同じ事をくりかえすばかりだ。ミノべなどが退けられた為め御存じの佐藤(丑)氏などがひっぱりダコだ。京都でも同氏に来てもらう様になっていたそうだが、仙台で承知せぬとか。佐藤氏等によって新らしい憲法学説が開発せられようとは思われない。人々は何故に反ミノベ説がこれまで学問上衰えたかという事を考えて見なければならぬ。それは単に外来思想崇拝という単純なことでないと思う。

174　7月20日　**戸坂潤**　京都より

〔歴史的現実の論理的構造〕

御著書[41]お送り下さいまして難有御座いました。明晰透徹の議論に啓発せられる所もあると思います。私の考も大分了解せられた所もあるが君が断定せられるだけのものでもないと自分では思って居る。「無の自覚的限定」に一段落と云ってもあれは前書から考え起したものの一段落というのに過ぎない。私と汝という如き関係だけで社会や歴史が考えられると思って居るのではない。ただ私にはそういう方面の知識も乏しいので私の考を具体化して実際問題にまで到るのは中々容易の仕事でない。しかし先ず歴史的現実というものを深く考え抜いてその論理的構造というものを明にせなければ何というもただ水掛論という様になってしまうと思う。

175　10月8日　**下村寅太郎**　京都より

〔ライプニッツのモナド論〕

「思想」十月号[42]昨日到着いたしましたがまだよんでみませぬ。その中一読いたそうと存じて居ります。

ライプニッツのモナド論はどうも個物は個物の相互限定によって個物であるという点が(個物の論理が)考えられてないと思うのですが。

176　10月13日　**日高第四郎**　京都より　［ファッショの時代］

御手紙の如き話はあるのだがそれはどうなる事か分らない。もし話が進む様なら森総之助氏(現校長)が上京の序《ついで》に君に逢って見ることになるかも知れない。それから平田元吉氏が生徒主事の首任者にて同氏の下で働くということになるのだから平田氏も君に逢って見ることになるかも知れない。森氏は大変分ったリベラルな人の様にて我々と同じ様な考の人と思う。ただ平田はファッショだ。平田に逢う様な事もあらばその辺は心して話す方がよいと思う。

御存知の如く現今はファッショ時代だ。真に自己を離れて深く遠く我国の将来を思うものは徒らに性急に潔癖的にして始から之と衝突し之と戦うよりも何とかして今の所を忍んで漸次中正に復する様努力せねばならぬと思う。もし愈《いよいよ》話が進む様なればなおよくお話したいと思う。森氏は他に二、三の候補者もある様に話し居りまだ何とも分らぬ。

177　11月10日　**山本良吉**　京都より　［教学刷新評議会の委員となる］

文部省の教学刷新[43]というものの委員になってくれとて、三辺より再三懇願し来り固く断りましたが中々思い切らず。それでは私は度々出る訳にゆかずかつ私は文部省と反対の意見を有するものだが、それでもよいかと云ったが、それでもという事にて話が定まりました様です。新聞に出た顔触れが大体本当らしく、私などあん〔な〕連中の中へ出たとて何の意見も通らない事は始から分りきって居るが、これまで断っても前方〔先〕が私の事情を承知というなら、この上断る辞柄もない様におもいます。まあ少し出て見て見込もなければ断る積りです。それにしても佐藤（丑）や鹿子木、紀平（これ等の人が学者顔するのもオコガマシイ）など特に牧健二輩と肩を列するのは不愉快に思っています。

178　11月11日　**務台理作**　京都より　［社会は歴史的実在の世界に成立する］

信州哲学会諸君の事、会員諸君の熱心には感激の至りに堪えませぬ。絶対にお断りするという訳ではないが今度の正月だけは猶予してもらわれないか。田辺君の論文[44]はまだよんで見ないが近来中々しっかり一家を成して来た様です。ただ私は社会というものは歴史的実在の世界において成立するものにてなお一層深い大きい立場から考うべきではないかとおもって居る。先達て仙台にゆき少し話したが高橋君も同君の立場から中々しっかり緻密に考えられるがどうも話しても壁を隔てて話して居るという如き感がいたすので御座います。とにかく田辺君とか高橋君とかいう人々の出て来ることは我国学界の慶事とおもいます。どうか若い諸君の御奮励をいのりたいとおもいます。

179　11月20日　**務台理作**　京都より　［弁証法は世界が自己自身を限定すること］

御著書[45]拝受いたしました。その中熟読いたします。君が序三頁に云って居る様にヘーゲルを「表現を世界性の立場から把捉しようとする論理」というのは誠に我意を得たものとおもいます。私は弁証法というのは世界が表現的に自己自身を限定することだと思うのです。弁証法を推論式より見てゆくなどはいかがかとおもいます。論理というものの本質をその出来上った形式からでなくその歴史的世界における成立から摑まねばならぬと思うのです。

180　12月1日　**和辻哲郎**　京都より　［教学刷新評議会に出席］

その後お変りも御座いませぬか。どうも厄介な事を仰せつかって困っています。次官の三辺というのが四高出で知って居るもの故情誼からつい断りきれませぬでした。貴兄や田辺君などの出られるのは心強いがとてもあんな連中の中へ出て我々の意見が通る筈もなし、始からむだな事は分りきって居るとおもいます。特に私はもうだんだん老年になり少しでも時を惜んで自分の仕事を完成する〔の〕が私が国家に尽す所以だとおもっています。三辺君にも先ず以て十分この事は明にして置いたからすぐお断りするということになるだろうとおもいますが、とにかく五日には参ります。その節お目にかかる事と存じます。

181　月日不明　**原田熊雄**　〔国家主義と世界主義〕

我国国家の主脳となる人々の力によって国家の前途が中正を失わざらん事を祈る。エチオピヤの問題(46)などもいかに結末がつくものにや。我国の国家主義者は今日の国家主義は同時に世界主義だという事を深く考えねばならぬとおもいます。ただ自分の国を孤立的に考える事ではない、我々は大に世界的に考えねばならぬということである。ただ昔に還る事ではない。

昭和十一（一九三六）年

182　1月11日　**山本良吉**　京都より　〔教学刷新評議会への意見書の提出〕

例之文部省の教刷というものへ一回出て見ましたが、とてもかたよりたるものにてあれでは我国将来発展のため如何かとおもいます。誰も何ともいう人なき様ゆえ私はこの十五日の会へ一寸私の意見をかいて送って置きました。しかしこれは何も顧慮もせられない事と存じます。紀平氏の如きはダーウィンの進化論も排斥す〔べ〕きだというのですもの。

183　1月25日　**林達夫**　鎌倉より　〔書くことが考えること〕

お書き下さったものを拝見いたしました。他と異なった面白い着眼の仕方と存じます。自分の事などいうのはおこがましいが私は大体の考をもって書き始めるのですが進むに従って私にも思いがけもない様な考が出て来るのです。本当に書くことが考えることとなるのでしょう。生命の源と云った様なものです。強いてそれを形成的に調べようとすればどうも嘘になる様に思われてなりませぬ。それでいて漫然といろいろの事を考えて居るのではなく何十年同じ問題をひねくって居る様なものです。人はそれを繰返しというが私はそれが一度一度新な意味を有って居ると思うのです。大言壮語の様ですが昔からの哲学は未だ最も深い最も広い立場に立っていない、それを掴みたい、そういう立場から物を見〔、〕物を考えたい、それが私の目的なのです。体系という事はそれからの事です。私を批評する人は言葉についてそれを自分の立場から自分流儀に解釈しそれを目当として批評して居るので私には壁の彼方で話して居る様にしか思われないのです。そしてそれ等の人の立場というものはこれまでのありふれた先の見え透いた立場としか思われないのです。

ベルグソンが生命の熔銕《ようてつ》が流れ出るとすぐクラストができるというがクラストの様な立場としか思われないのです。つまりこれまで私のかいたものは草稿の様なものです。書き了った後これを書き直したらと思うのですがもうその時は次の問題が待って居るので御座います。かくして私は何処までもさまよっています。私のかいたものが何にもならないものかも知れない。或は後の何人かの立場となるものかも知れない。私にはただ私の途を進み行くの外ない(47)のです。

184　2月21日　下村寅太郎〔はがき〕　〔群論〕

西谷君のかいた新聞が御手許に御座いませぬか。あったら一寸見せて下さいませぬか。高坂君の帰東は私も惜しいと思うが致方ない。私は君の論文(48)によって久しぶりに郡(群)論を思い起した。弁証法的一般者を郡〔群〕によって説明するとはっきりせぬかと思う。しかしどうも数学が分らぬので。

185　2月27日　**西谷啓治**　鎌倉より　［現実の分析が出立点］

下村君より送ってくれたので君が毎日にかかれたものを見ました。私の真意が理解せられて居る様に思い悦ばしく存じます。私の出立点は実にこの現実の分析にあるのです。それからすべてのものを見て行こうというのです。それが中々容易の仕事でなき故極めて不十分にて他からいろいろ誤解せられるのです。これまで私を評せられる大家達も皆自分等の立場から私の考を曲解して居るにすぎぬと思うのです。そして私にはそれは皆本来の立場のひきのばしに過ぎないと思われるのです。どうか君もまた他日私の考を人に分り易く書いて下さい。

186　2月27日　**堀維孝**　鎌倉より　［二・二六事件］

御手紙拝見、実に神人共に許さざる残忍暴虐だ、フランス革命をも想起せしめる、私も昨日午後家に来る御用聞きからその一端を聞き何とも言葉が出なかった。

彼等はどんな事をしても世間には公表せられず国民の批判も受けず人を殺しても刑は

二、三年を出でず、遂に増長して何をし出かすかも分らぬ。全く国家の破壊だ。
　これは当路者がただ彼等を恐れ一歩一歩あまいかした結果と思う。実に国民奮起の時だ。

　この際断乎たる処置を取るものなくば国家前途は全く暗黒だ。然るに何処からもそういう力が出そうな所がない。国民は実に馬鹿だ、今日昔と違い外国もあることなれば実に日本の危機だ。日本もどうなる事であろう。

187　3月10日　**下村寅太郎**　鎌倉より　［生命現象も群論的］

群論の事考えて見れば見る程面白いものかと思います。

生物現象というものも弁証法的一般者の世界として群論的なものでしょう。ボールが物理学が量子物理学的として生物学も一つの世界像(Weltbild)の中に入るというのは面白いとおもいます。

188　4月11日　**西谷啓治**　京都より　［キリスト教の本質は歴史における啓示］

Eichrodt と Cripps[49] 御求め置き下さる由難有御座います。従来キリスト教を倫理的宗教と云ったがキリスト教の本質は歴史における啓示という所にあると思う。然らざればキリストの宗教というものを真に理解することはできない。キリスト教は深い歴史哲学から理解せられなければならぬ。予言者達からキリストに至るまで歴史的生命の自覚を現して居るものとおもいます。

189　9月9日　**久松真一**　鎌倉より　［秋の草花の趣］

秋の草花はやはり高山のものが特《こと》の外の様で御座います。何年か前信州の上林にまいりました時宿の庭前の桔梗や女郎花の色が今も眼に浮ぶ様に存じます。秋草などの趣はやはり京都がふさわしい様に思われます。京都もだんだんそういう趣はなくなって行く様ですがそれでもさがや御室の辺にはなおそういう趣が残って居る様におもわれます。

190　9月12日　**逢坂元吉郎**　鎌倉より　［真の弁証法は生命の弁証法］

君の意味はどういうのか知らぬが私も論理の弁証法と生命とは違うとおもう。そして真の弁証法は生命の弁証法であって論理の弁証法はそれに基くものとおもう。

191　9月30日　**高坂正顕**　鎌倉より　［学問の道］

御論文[50]雑誌に出ましたら拝読いたします。学問の道は何処までも自己を欺かざるにあり、何処まで〔も〕疑い何処までも戦う苟且《かりそめ》にも小成に安んずべからず。自分の考の行詰った様な時は人の書物を読むも可ならん。しかし何処までも現実に即して自己の足を以て歩まざるべからず。

192　10月5日　高坂正顕　鎌倉より　〔形成作用と行為的直観〕

昨日の話の中に、

形成作用と行為的直観と

につき、君が一寸行為的直観の方が上?かという様なことを云われたかとおもう。後で考えて見ると成程そうも考えられるかと思う。形成作用という方は種（或は歴史的自然?）という様なもので行為的直観という方は世界が世界自身を限定するということであり、そこに世界がある物が見られるという様にも考えられると思う。

とにかくこの問題は両者の関係をなお綿密に考えはっきりさせて行かねばならぬとおもう。もう少し考を進めてゆく中にはっきりして来るとおもう。形成作用の方が一般者の動的自己限定として種の限定と考えられる方であり、行為的直観の方が一般者が自己自身に還るという意味においての自己限定の方である。前者は egressus〔前進・発展〕後者は regressus〔後退・復帰〕である。後者においては永遠に触れるという意味があり Kultur〔文化〕が成立する。我々の身体について云えば我々の身体的生命が自己自身を形成（即ち環境を生命によって形作る）し行くことが種であるが身体は働くものたると共に見るものである、そこに形成的直観がある。

右の如く云えば働くということと見るということとは別の様であるが、働く〔と〕いうことはまた逆に見るということから起る。すべての働きは表現的である、表現はただ主観から起るのではなく同時に客観的である。つまり主観的・客観的である。egressus = regressus として弁証〔法〕的世界の自己限定である(ココノ説明ハ不十分ダガ)。

193　10月18日　久松真一　〔慧玄の這裏に生死なし〕

昨夜は難有御座いました。どうも哲学のみ考えて居ると分別の立場に捉われていけませぬ。

私の永遠にふれるというに対して君の言は慧《え》玄《げん》の這裏《しゃり》に生死なし[51]といわれた様にお〔も〕われた。私には中々むつかしいがなるべくそういう立場を離れないで哲学を考えて見ようとおもう。

194　11月6日　下村寅太郎〔はがき〕　［『チャタレー夫人の恋人』］

チャッタレー難有御座いました。人間の bed-rock を露出した様なこの書に動かされました。sincere な本です。それと共に禁ぜられるも尤と存じます。

第四部　時代の流れのなかで——一哲学者の晩年

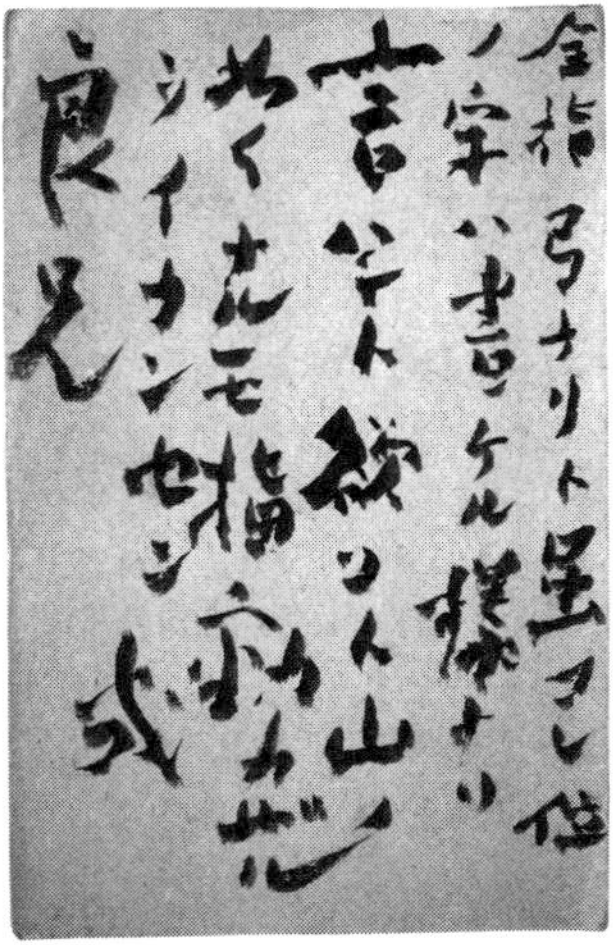

1942年2月21日，山本良吉宛葉書
(石川県西田幾多郎記念哲学館蔵)

昭和十二(一九三七)年

195

1月29日　**高坂正顕**　鎌倉より　〔種を中心にした歴史観〕

ランケの Das Ganze〔全体〕という如きものが考えられないでただ種を中心とした歴史観は私も同意し難く多くの人も然考えて居るのではないかとおもいます。しかしSchelling〔シェリング〕の自然の考をすぐ歴史の基体として考えるのは歴史の現実の動きというものとの間の結合には Gap があるかと思うので(君のいつかの御話の様にもっと自然を現実的に動的に)この点を将来進んで行かれてはと思うので御座います。ただこれは一寸容易の仕事ではなかろうとおもいます。急にそういう事を要求するは無理の様におもわれます。

しかし田辺君も君には好意を有ち論文[1]を通したいとは思って居る〔も〕のとおもいますから、何かそういう問題のある所(つまり君自身が不満として将来の問題とする所)を明にする位の事で論文を出して御覧になっては如何かとおもいます。またお目にかかって。

196　2月4日　堀維孝〔はがき〕　[書を壁に埋める時]

もう書を壁に埋むべき時が来た。

197　3月11日　高坂正顕　鎌倉より　[歴史においてあるものは形作られたもの]

今度歴史においては何処にも、始から与えられ〔た〕ものと云うものがあるのでなく、あるものは形作られたものであると考えねばならぬと知りました。形作られたものが基となって形作られて行くのである。自然というものも然考えることによって自然と歴史とが一つに連続する。世界のはじめにも与えられた物質というものがあったのでなく形作られた世界であったのである。

198　3月21日　本多謙三　鎌倉より　[西田哲学とヘーゲルの現象学]

私の場所的論理の考を御顧慮下さいまして難有御座います。誠に未熟の考なり、またあれ以後論理の問題に専心することもできずそのままにしていますが私は判断と直覚知との結合はあの様にして考えねばならぬかと思っているので御座います。何人もそういう点を見てくれないのに御着眼下さいました事難有おもいます。私の考え方はヘーゲルの現象学に似て居るがもっと行為的自己、実践的自己の現象学と云った様なものと思って居ります。近頃ポイエシスという事を中心として考えて居ります。

199　5月19日　和辻哲郎　京都より

〔歴史的現実の世界は日常性的世界〕

御手紙拝見いたしました。その後御無沙汰しています。私は尊兄の倫理学[2]の考え方を大変面白いと思うもので御座います(ただ哲学的仕事としてはその背後となる歴史的実在というものを深く究明して基礎附ける必要はあるが)。歴史的存在としての人間的存在というものが自己矛盾的存在であり当為というものも私というものが歴史的世界の個として創造的世界の創造的要素としてここにあるということから起るのであると思うのです。

主客の対立というものも何処が対立点となるかは歴史的に定まって来ると思うのです。抽象的には何処でもなる様に考えられるがそんな立場からはただ抽象的な当為しか考えられない。

否定といっても歴史的現実が個性的に否定を含んで居るのである。否定を含まない歴史的現実というものはない。そこから道徳的行為というものも考えられるのである。ただ抽象的に絶対否定など考えても形式的に頭で然か考えるにすぎない。

日常性的世界というものはこれまで無意義にしか考えなかったが歴史的現実の世界というものは日常性的世界でありそこから真の具体的な世界が考えられると思う。日常性的世界とは極めて膚浅と考えられる世界であると共に実はそこに絶対にふれる最も深い世界である。

解釈ということについて御同感に存じます。マルキストのみならず対象認識の立場に捉われる居る〔ママ〕人は解釈ということをただ意味の世界の事としか考えない様である。また表現ということもただ了解の対象としか考えない。しかし従来の如く自然科学的対象認識という如き立場からのみ実在を見ていないで、我々は今後深く歴史的実在そのものを分析して新しい実在の範疇を以て実在を考え行かねばならない。自然を歴史において見なければならない。

すべて従来の哲学は自分というものを歴史の外に置いて考えていた。将来自己というものがこの世界の中にあり之と共に動くものとしてそこから認識論も倫理学も考えられねばならない。

200　6月23日　**原田熊雄**(3)　［近衛内閣への期待］

近衛君の事今世人が同内閣に期待している事の幾分にてももしできなければとにかく

近衛内閣はこういう方向(世人が望んでいる様な方向)に努力したと云うことだけでも残してほしいとおもいます。今日陸軍のロボットになるならいくらでも人がありまた誰でもなれますから。あまり一方の勢力にひきずられて醜体を演ぜない様それのみ祈っています。それにして〔も〕困るのは安井という文部大臣ではないかと思うがいかが。あの人は平泉に師事し居る由、従来文部のやり方というものはこれまで西洋に馳せ過ぎたから今度は固《こ》陋《ろう》な所謂日本主義者を中心としてやればよいという如きやり方にて世界に乗り出す将来の日本の文教をいかにすべきやについて確乎たる方針を有するにあらず。今の文教審議会(4)とかに集めた様な学者(?)(軍人はとりのけ)を中心として将来の日本の文教の方針が立つものかいかに。尊兄安井氏にお逢の節もあらば御注意下さるまいか。折角今一般に近衛内閣について好意と期待とを有って居るがただ文教の点においては失望して居ると思うので御座います。先日一寸近衛君への手紙にも書きましたが何卒尊兄からも御話し願います。今度の成敗いかんに関せず一般をして近衛内閣の将来へ希望を持たしめたいとおもいます。

201　6月28日　**務台理作**　京都より　〔務台の「社会存在論に於ける世界構造の問題」〕

御論文(5)別刷到着早速拝読いたしました。御考の全体が簡明に叙述せられよく分りました。世界自身の構造はそれ自身から導かれねばならず而して世界自身の構造契機に関する御考は(statisch〔静的〕に見られて居ると思うが)(6)私は全然御同意申上げたいと思います。特に田辺君に対する御考は(私はまだ昨秋のものをよんで居ないが)御同感の念に堪えませぬ。社会存在の中核には同君のいう如き媒介論理によって到り得るものではないことは云うまでもなく(この方は論文をよんで居らぬから確に云い難いが)種が純粋質料契機を有つのみならずCⅡの如き構造契機を含むという御考にも同意したいと思います。ただ私は世界が絶対無に裏附けられ動いて行く歴史的生産作用とか構成作用とか〔いう〕如きものを深く突き込んで考えて見られてはいかが。そこに田辺君のいう如き媒介論理の到ることのでき〔ない〕歴史の動きというものがあり却って真の具体的論理というものはそこから成立するのでないかと思う。とにかくこの論文は君の態度の定った好論文と思う。君には君の見方考え方がありそこに君の長所があるのであるから、必ず〔しも〕私の言を顧慮せず君の行き方を一つ進んで見られる方よろしいとおもう。

202　8月7日　務台理作　鎌倉より　〔「論理と生命」における田辺哲学批判〕

私は今、昨年かいた「論理と生命」以後のものを集めて「哲学論文集」第二を出そう〔と〕して少しつづ〔ママ〕訂正して居るので御座います。ところで「論理と生命」の終に附した

（思想昨年の九月号）田辺君に対する批評、あれを今どうしようかと考えて居るので御座います。除去しようかと考えるのですがまたあれはあれとしてあのままにして置いた方却っていくらか私の考を明にする助ともなるかとも考えそのまま〔に〕して置こうとも考えるのですが。実は私は田辺君のものそう委しく読まず（近来他人のものをそう委しく読むのが面倒にて）ざっと見て書いたもの故何か重要の点に誤解して居り従って批評が見当をはずれて居るのでもないかと思うのです。田辺君が昨年の秋「論理の社会存在論〔的〕構造」に何か私の批評について云って居るそうだがそれもまだよまずどういうことを云って居るか。

とにかく甲が乙に対する批評というものの公平の判断は第三者にあると思う故貴兄の御遠慮なき考を御聞きしたいと思うのです。貴兄は田辺君のものを委しく御読み〔に〕なって居らるると思う故どうかありのままの御感じを承りたいと思うのです（不日お出の時）。

「実践と対象認識」（今春の哲研）の二回目に四月号の終りに一寸種と個との歴史における関係について書い〔た〕のも田辺君に当って居るのです。あれもいかが、私の誤解によるものではないだろうか。

203　9月18日　原田熊雄　　［近衛文麿と議論］

新聞によれば西園寺公御病気の由十九日には御帰京むつかしいかと存じますがいかが。御手紙をおもらいしました日の朝訪問、一時間程話しました。問題に露骨にふれる訳にゆかぬ故同君の演説(7)にちなみ歴史的世界の方向は無論統制にあるもさりとて昔の despotism に返るということにあらず、何処までも個人を否定するのでなく個人を生かし包んで行くのが新しい歴史の方向であろうと云うことと、東洋を基とするとか日本精神を基とするとかいうも何処までも理智を否定するのでなく東洋文化は理論を有たねばならぬ、理論のないのが東洋文化の欠点である、マルキシズムは理論を有するが故に恐いのであるということを話し、またそれを書いて来ました。私と話して居れば私共の考と殆んど大差ない様に思われますがあの人は一体どれ丈本当に私共の言を聞いてくれるのでしょうか。

204　10月12日　堀維孝　鎌倉より　［講演「学問的方法」］

御葉書難有御座いました。九日の晩(8)は閉口した。拡声器があったとは云えあんな街頭演説は実に困る。あれは私の first and last だ。極力学問というものを尊重すべきだと

云うことを云ったつもりだ。私は自分の話の時間だけ行ってすぐ帰ったから誰がいたか分らなかった。〔中略〕

私はもう西君には逢って話しをする興味がなくなった。どうもだんだん世の中が変って行く。近衛君にも何の期待ももてなくなった。

205　10月13日　**島谷俊三**〔封筒欠〕　［田辺哲学との違い］

御手紙拝見しました。先日は閉口いたしました。あんな事最始で最後でなければならぬ。帰る日はまだ分らぬ。しかし講演はもう御免だ。

田辺君の論文(9)はまだよまぬ、しかしあの人と立場が異なって居るのだから致方ない。私のは歴史的な生命の弁証法ともいうものだ。現実の深い分析から始めて居るのだ。悟性論理の立場を脱せない弁証法ではない。

206　10月22日　**原田熊雄**　［木戸幸一の文相就任］

今日の新聞により安井がやめて木戸が文部に入られたのを見この上ない喜と一種の安心を感じました。近衛君も早くそこへ気がつけばよかったと思います。木戸君なら安井などと違い思想も進歩的にて学界も歓迎するだろうし動《やや》もすれば一方にひかれがちの近君の最もよいアドバイザーとおもいます。例の心配の件その後いかがの模様にや。私も何とかしてと思っていますが近君が極秘密の話を直接君に聞いたというのでは同君の君に対する感情もいかがかとおもい、また君と話合の上と思うては功なしと考え何かもっと広い大きな立場からでもと考えています（会うかその暇がなければ手紙かにて）。

それはとにかく木戸君には同君に暇があらば会って従来の文部のやり方や人について話して見たいと思うがいかが。私は廿九日頃まではこちらに居ることが出来るとおもいます。

207　10月24日　**柳田謙十郎**　鎌倉より　〔ドストエフスキーに惹かれる〕

君は一寸ドストエフスキーに触れて居る様であるが私はこの頃全くトストエフスキーに引きつけられる気持が致します。もっともっとドストエフスキーの世界に入らねばならぬと存じます。かれの世界は全く弁証法的世界とおもいます。道徳の基もかれの如き宗教的世界に置かれなければなりませぬ。

Thurneysen〔トゥルナイゼン〕, Berdyaev〔ベルジャーエフ〕やジードなどのかれの論も一寸面白い。

208　11月19日　和辻哲郎　京都より　［戦場に出て破れて後やむのも義務］

御手紙拝見いたしました。その後御無沙汰しています。お変りも御座いませぬか。参与[10]のことは鎌倉滞在中二度程頼まれましたが断って帰ったのですがまたこちらへ志水氏が参り是非にとのことなり。浜田君なども出てほしい様でもありました故私は例の如く卒直に従来の文部の態度を非難して私の断る理由を明にすると共にもし文部が本当に我々の言に誠意を表して従来のやり方を変ずる考ならばと云い、私の承諾には第一に貴兄と田辺君との承諾を条件とし、第二にはどういう人々を選ぶかを見てからと云ったので御座います。文部は一々御尤だ、できるだけ私共の言を顧慮するとは云いますがとてもむつかしいと思います。しかし頭からそう定めてただ己を高くするもいかがかと思い是非というなら承諾して云うだけのことを云いその上でと思って居るので御座います。文部が従来の様では誠に若いもの共も困ることと思って若い人々のために少しでも〔と〕思うので御座います。今度木戸が大臣になった故大臣には思うだけのことを心やすく云うことができ、木戸は近衛と違い私などと大体同じ傾向のもの故何か文部に対して云うならこういう時の外ないとも思うのです。

無論先日木戸に逢って話した時一々私の云う所に同感していましたがどうも今日の時

勢にてはとても思う様にはゆかず、私の入るのを希望すると共に折角入ってもらってもお気の毒だという様なことも云っていました。いずれ何にもならず退くということになるでしょう。何だか大きなUndercurrent〔底流〕がぐんぐん流れて居る様です。いずれ押し流されることでしょう。始めからそれを知って出ないのは賢明だがとにかく戦場へ出て破れて後已《や》むも義務かとも思うのです。

209　11月22日　務台理作　京都より　［田辺哲学に対する批判］

御手紙拝見、御手紙の如く高坂のは申すに及ばず柳田ののも相当と思います。若い人々が何となく腰ができて来た様に思われこれから何物かが出るだろうとおもいます。田辺君の議論は精密だが抽象的にて何だかいつまでもカント認識論の立場をはなれないで歴史的世界というものに入ることはできまいと思います。これからの進むべき哲学の本当の筋道に立って居ると思われませぬ。私はあんな抽象的立場からでは真の弁証法というものにはならない。生命といっても君の云われた如くただ判断的立場から negative に考えられて居るにすぎないのではないか、十月号の私の考[11]に対する批評の如き何だ〔か〕情ない様な感がいたします。あの人は考えて見なければ生きて居るか居らぬか分らぬと見える。作られたものから作るものへと云っても自覚が出ないと云うが、私はそれからこそ自覚がでるという事をかいています。

210　12月2日　**山本良吉**　京都より　［日本精神の解釈は理論的でなければならない］

文部省が精神文化研究所一派の考を無上命法とし之によって思想統一を計り、却って青年に疑惑を抱かしむるとの御考全く御同感の至りに存じます。しかし私が先日公会堂にて話しました事は、私が今国体をいかに解釈するというのでなく、ただ日本精神の解釈は理論的でなければならぬということを云ったので御座います。

昭和十三(一九三八)年

211　1月5日　**三宅剛一**　京都より　［行為的直観について］

君の今度の哲学研究の論文[12]はいろいろの文献を参考せられよい論文と思うが私には特に私の行為的直観という考に相通ずる所あると思われ非常に喜ばしく感じました。直観というものなくして実在の知識というものはない。量子力学の如きものでも私にはよく分らないがいかに抽象的でも何か空間的なものがなければならないであろう。逆に日常我々〔が〕眼を《〔ママ〕》物を見るという場合でも能働的な imaginatio〔想像力〕が働いて居ると思うのです。歴史的な方面は大分分ってくれる人が出て来たが行為的直観の方は全く結びついてくれる人がなかったが君によってそういう方面、特に誰も顧みてくれなかった「場所」という如き範疇の必要も理解してもらわれそうに思う。

　直観的形成、デカルトの imaginatio という如きものの知識に働く Rolle〔役割〕というものについて深く考えないでただ無媒介的と〔か〕神秘的とか云ってしまうのはいかがのものにや。「種」というものもかかる直観的形成として考えられねばならぬのでないか。

〔思想統制の時代〕

212　2月25日　**落合太郎**　鎌倉より

御手紙難有御座いました。ラニォー早速お送り下され難有御礼申上げます。こういう本、学校にあってよさそうにおもいますが。おん歌面白く拝見いたしました。この頃思想統制誠に何とも申し様御座いませぬ。また書を壁に蔵すべき時が来たのでないかと存じます。終の方の歌お宅の近辺がおもいやられます。御大切に。

213　3月7日　**日高第四郎**　鎌倉より

〔天野貞祐の『道理の感覚』に対する軍部の攻撃〕

京都の或人から京都日々新聞五日六日を送り来り天野君に関する記事(13)を見て驚いた。しかしあれは要するに誇大に過ぎないと思うがいかが。つまり本を絶版にするということにて万事それですむのではないかと思うがいかが。課長の問題はいかがなる模様にや。

〔中略〕

文部で何か問題になって居る如き様子なきか。文部の方など東京では今そんなことなかろうと思うが。

こういう手紙をかいた処へ京大新聞号外封入の君の手紙を得て非常に喜んだ。これで安心した。こういう様な訳だと課長を何時やめるかということは慎重にその時期を考えて見なければならぬ。軍部との問題が解決すれば他の方〔の〕策動は何とかなろう。ただこの時勢のこと故最も慎重な注意を要すると思う。天野君は少しsanguine〔多血質〕な所ある故奴輩の乗ずる所とならない様御補佐を願う。

214　3月16日　木戸幸一　鎌倉より　［雄大な進歩的精神が必要］

私は二十二、三日頃帰洛いたしたいとおもっています。今度お目にかかりいろいろお話申上げたいと思っていましたが、議会中はとても御多忙の御様子に見えますのでまたこの夏まいりました時にゆずります。私のお話申上げたいとおもいますのは事務的の事で御座いませぬからゆっくりした時がよろしいと存じます故。

議会の模様など新聞にて見まして多少とも尊兄の御精神を知ると思う私などには御苦心の程深く御同情申上げます。真に国家の将来を思うならもっと大きな立場からでなければならないと思うのです。然らざれば国家を憂う如くにして実は然らざるものと云わざるを得ないとおもいます。

教学局時報第四号というものが参りましていろいろの会における尊兄の御挨拶を拝読いたしました。今日の時勢にて致方ないのかも知れませぬが私にはもっと雄大な進歩的精神の顕現があってほしい様に思うので御座います。従来の文部省の立場はただ狭い日本の日本という立場にて何等積極的な進歩的精神があるのでない。然るに今日世界各国が民族主義的国家主義的とならねばならないというのは、表面からは世界というものが否定せられて各民族が各民族の自己に帰ると見られるが、実は歴史上今日は各国が世界の各国として立たねばならなくなったのだと思うのです。今日は世界というが従来の如く抽象的概念的〔で〕なくrealとなったのだと思うのです。然るに今日の我国の国家主義者にはこういう真実が摑まれていないのを情なく思うので御座います。

今日の日本は世界に面する日本という所に足場を置いてすべての政策が考えられねばならない、特に国家百年の大計ともいうべき教育の立場は確《しか》とここに足場がきめられねばならない。軍人は実際こういう立場に立って居るのだとおもいます。然るに思想の方にて却って国民をして世界に目を閉か〔ママ〕しめる様なことのみ云って居ると思うのです。こういう点がよく理解せらるれば所謂インテリも喜んで同意すべく、真に国民精神の一致が得られるのではないかと思う。

文部省の足場というものがどうかもっと深い大きな所にしっかと定められて、そこから万事が割り出される様にありたきものと思うので御座います。

215　3月25日　**柳田謙十郎**　京都より　　［「技術(芸術)は永く、人生は短い」］

私はもう来年は杜甫が人生七十古来稀という古稀だが自分の考はほんの曙光にて困る。Ars longa vita brevis〔技術(芸術)は永く、人生は短い〕だ。

今度は個というものを明にするためライプニッツを私の考に直して見たいと思って居る。資本主義の問題は或は来年位にもう少し委しくふれることができるかも知れぬ。最後にはアガペの問題だがそこまで行くのはまだいつとは云い得ない。

216　6月16日　**原田熊雄**　京都より　　［世界のなかの日本という立場］

御手紙難有御座いました。お変りもなき由、暫く御無沙汰いたしました。私は例年の通り来月(七月)下旬頃から鎌倉へまいるつもりにしています。お目にかかっていろいろ御話を伺い度《たく》楽にしています。

今度は外部から見て多少しっかりした様子も思われるがさし当りこの戦争の始末を間違なく指導しよく結末をつけてもらい度ものと思います。近衛君も従来の如く一部の人々に迷わされる事なく自ら深く大きく全体を見て遠大の方針を立てそれをしっかり強くやって行かれる様切望の至りに堪えませぬ。今度の宇垣池田などはよかろうがどうもあの人は軽卒につまらぬ人物を用いると思うのです。荒木氏の訪問は意外でした。私は今日は実に世界がrealなのであり今日我国の方針は世界の日本という立場を深くしっかり摑み万事そこから一貫して考えて行くべく益学問を尊重すべきことなどを例により極めて卒直に話しました。可なりあの人には反対と思われそうな事を(私は貴方の気に入る様なことは言わないからと断り)云いましたがどういうつもりか一々同意らしく云っていました。

217　7月4日　務台理作　京都より　［原理日本社の攻撃］

御手紙拝見いたしました。その後御無沙汰しています。お変りもなき由何よりと存じます。そちらは大変の雨なりし由、こちらはそれ程にもないが毎日雨のみにて鬱陶しいことで御座います。先日の講演[14]御覧の由、あれは天野君に頼まれ仕方なしにやったのですが不相変私は話下手なり、また若い卒業生が筆記したのでよく分らぬ所もある様に思います。

簑田〔ママ〕一派が私及び田辺、天野、和辻君等を一掃するとかにて攻撃する積の由、先ず私を攻撃して居る由、先日文部のものよりも聞きこちらの学生課の人々からも聞きました。お話のその帝国新聞[15]のことでしょう。どんな事を書いて居るか私の処へは送って来ませぬ。お序《ついで》に一寸見せて下さいませぬか。無論私は狂犬には相手になりませぬ。

そんな事も聞きましたので私の事はどんな事を云ったて〔ママ〕もどうにもならずまたどうでも構わぬと思いますが、高坂君の如き今出端《でばな》の人、これからという人にむやみなあげ足でも取って傷をつけられてはと思い注意したことでした。全く厄介な連中です。

218　9月3日　**務台理作**　鎌倉より　［ライプニッツ哲学から示唆を受ける］

下村君のライプニッツ[16]は我国にてはじめてのライプニッツ研究としての良書と存じます。三宅君の下村君へよこした手紙のことを下村君より知らせて来た手紙を封入し置きます。

私はライプニッツというものを見直して今更に彼の哲学に非常に示唆的なものを感じ

ます。私の論文[17]は粗雑なものた〔ママ〕がどうかああいう方向に深く考えて下さい。個体と世界との関係、表現ということの個物の世界においての意義などがはっきり考えられると思います。

219　9月21日　**滝沢克己**　鎌倉より　〔個人的自覚が生まれるところ〕

「思想」の論文およみ下さいました由、私まだ宗教その者を突き込んでかきませぬが今の処哲学としてそういう背景を以てこの世界を見ようとつとめて居るので御座います。今度の論文は、田辺君が私の作られたもの《Creata et creans》から作るものへという立場から個人的自覚というものが出ないと云うたのに反し、それからこそ個人的自覚が出ると云うことを論じたものです。何となれば歴史的世界は神の創造であり人間は神の image なるが故に。人間は人間で自覚したり人格となったりするのでない。

220　9月21日　**柳田謙十郎**　鎌倉より　〔イデアとしての国家〕

御手紙拝見いたしました。

御疑問に対しては、

私は民族結合の即自態というものから離して ideell〔観念的〕な国家というものを考え

るのでなく動物の本能的社会から人間社会というものが成立する時(それを離れるというと誤解し易い、人間社会の底にはいつも biologisch〔生物学的〕なものがある)既にそれは dialektisch〔弁証法的〕に成立するのでそこに既に transzendent〔超越的〕なものが働いて居る。宗教的なものがある。弁証法的世界の das Besondere〔特殊なもの〕として人間社会が成立するのである。それが歴史的弁証法的に作られたものから作るものへとして Idea 的となると云うのである。その時それが国家である。an sich〔即自的〕から an und für sich〔即かつ対自的〕になって行くということは ideell となることでない。〔欄外に〕(君の現実というのと私の現実というのと逆かも知れない。抽象的に考えられる国家も個も真の国家や個でない。)

それだから現実の社会と考えられるものが歴史的現実であればある程国家的である。歴史的形成的でない単に implicit な民族という如きものは現実でない。歴史的に創造的なるかぎり生きた民族であり現実の民族であるのだ。現実の国家というものは我々が歴史的世界の創造的要素としての我々の歴史的創造的行為によって把握せられるのではなかろうか。〔中略〕

更に君の疑問に対してこう云った方がよいのかも知れない。現実の国家は現実の国家から把握、民族と云ってもそれが単に本能的でなくそれが人間の社会であるかぎり現実に国家的なものが含まれて居る。それは作られたものから作るものへという矛盾的自己同一である。その足場から creative であるかぎり国家が Idee〔理念〕的である。それが民族的地盤を失った時 Idee 的でなく Ideell となる、非創造的となる。Ideell となった時それはもはや現実の国家でない。民族的にして而も Weltlich〔世界的〕の方向にその極限が理想的国家であろう。しかしそれは極限としてまた亡ぶる方向でもある。そこに大分問題があろう。とにかくこの次お目にかかった時にゆずる。

221　9月25日　三宅剛一　鎌倉より　〔創造的モナドの世界〕

御論文(18)を一読いたしました。君の問題として狙い所は私の意図する所のものと相通ずる所がある様におもわれます。「近世哲学は存在とか世界とかいうものをただ対象的に見て作用に対立せしめるが、作用とは何か、無限の実在を否定する哲学は実在をいかに考えるか」(五三―五四頁)。私も之には全く同意で御座います。従って終りの貴兄の考にも一致いたします。しかしこういう様に考えるには従来の対象的論理を根柢から変えてかからねばならぬと思うのです。それが私の苦心した点で御座います。永遠の生命としてすべてを包む有は対象的有であることはできない故に私はプロチノスの一者(絶対的有)を絶対的無と云ったのです。今度の論文で述べた創造的モナドの世界も無限なる生命全体を包む世界と云ってよかろうと思うのです。不十分かも知れぬが作ることによって見るイデヤ直観も含まれて居ると思います。

私はあまり人が注意せぬがプラトンのParmenidesは中々面白いものでないかとおもいます。無論何か未完成という感じはあるが。

昭和十四(一九三九)年

222

2月9日　**柳田謙十郎**　鎌倉より　［柳田の西田哲学研究］

「西田哲学における道徳思想の発展[19]」という様なものを考えて見ようということについては全く尊兄の御自由に任せたい、すべて尊兄の全然自由な立場から御考えになる様に御願いたします、西田哲学など云っても私の私有物ではないのであるから取るべき所があらば御取り下さってよし、捨つべき所は御捨て下さってよし、間違った所は十分御批難下さってよし、全然尊兄の独自な立場からお願致したい。それは西田哲学ではなく柳田哲学のつもりでおやりになる様望ましいと思うので御座います。

223　3月19日　**木村素衞**　鎌倉より　［木村の論文「身体と精神」］

「身体と精神」(20)拝受した。木村、コノ論文ハヨイゾ。私は全く君と手を握り合った様に感じた。加之《しかのみならず》君一流の才があらわれて居る。これまで君の論文で物足らなく思っていたものがみたされて来た様におもう。こういう立場から徹底的に考え貫いてゆかれんことを望む。

224　5月22日　**柳田謙十郎**　京都より　［柳田謙十郎の『実践哲学としての西田哲学』］

御著書の事私としては誠に難有存じます。そういう様にして多少とも学界の為にならば多年の努力も報いられた如くおもい喜ばしく存じます。歴史的個性的に統一して見られるのは面白いでしょう。私の考はそうして最もよく理解せられるかも知れない。書名は一寸長過ぎはせないか。しかしそれが最もよくその内容を表すものとすれば強いて変じては却ってどうか。私の「善の研究」というのは当時本屋の求もあり他人のつけたものだがどうも面白くない。

225　6月13日　**鈴木大拙**　京都より　［田辺元の『正法眼蔵の哲学私観』］

御面倒の事御願申上げました処、御手紙によればとにかくお聞き合せ下さいます由、難有御座います。田辺君のあの道元論[21]というのはどうも私には受取れないものの様におもいますがいかが。あれでは全く分別の立場ではなかろうか。それでは却って道元の立場と相反するものではなかろうか。もし道元があの様なものなら六祖[22]の児孫と云い得るであろうか。臨済徳山が棒喝を行ずるのを無思慮的(あの人の無媒介)とか、神秘的とかいうのは笑うべき外面的也。(児戯の如き)浅膚の見ではなかろうか。身心脱落が哲学となって現ずるでもあろうが、棒喝は直にその自由自在の真髄に徹し自由自在に働かしめる為めではなかろうか。道元がそこが分っていてそこから云って居るのであろう(田辺君の如く云うは道元を歪めるのではないか)。しかし道元のあの如き家風が今日の曹洞をして禅の真髄を失わしめたとも云うことができないだろうか。

御令室[23]様誠に御気の毒の至り、お慰の言の申上げ様もない。

226　6月17日　**務台理作**　京都より　［務台理作の『社会存在論』］

尊兄の「社会存在論[24]」を一読し了った。この書には私は全く御世辞なしに満腔の称讃を呈せざるを得ない。全体が綿密に考えられて居ると共によく調《ととの》い明晰透徹近来稀に見る好著だ。これまで君のかかれたものの基礎となる体系がよく分る様におもう。一つの務台哲学とも云うべきものができた様におもう。私の無茶苦茶に考えたことが何等かの刺激となりそれより諸君特立の考が構成せられ行くこと近来愉快に堪えない。この上なお一つポイエシスということが深く考えられると更に一段の進境を見るならんとおもう。

227　8月26日　**山本良吉**　鎌倉より　［世の軽佻浮薄］

世事御感想の事、真に同感。かかる状態にては国家の前途も心配に堪えずとおもいます。かくも軽佻浮薄にしていかにして歴史以来の世界の危機とも云うべき今日の世界に処すべき。

228　9月14日　**下村寅太郎**　鎌倉より　［無限について］

御手紙拝見致しました。無限を数学化すること御考のよしにてカントルなどおよみの由、不完全であってもただ独創的な人の書いたもののみ示唆的なものと存じます。

私はやはり operate = operated という如き多と一との矛盾的（作られたものから作るものへという様な）自己同一という様なことから考えられはせないかと考えますけれど、無論尊兄の問題とせられる所またどういう風なことをお考になろうとするかを知らず、来月帰洛お目にかかりて委しく伺いたいとおもい居ります。私は数物のことはもはや分りませぬがいろいろ伺って見たいとおもい居ります。

229　9月21日　**久松真一**　鎌倉より

［絶対と相対］

お手紙難有う。今秋は気候が中々不順の様です。

成程御手紙の様に両者は違う様思われます。今度出す本(25)の終に一寸宗教のことにふれ、田〔辺〕部君など絶対と相対とが相即という如きことを云われるに対し、絶対は一(無論唯一というのではないが)でなければならぬと云い、その時あの二つ〔の〕句を用いましたのですがその点ではよろしからんかいかが。絶対が相対と相即というのはどうも私にはシックリとせず、絶対というものがそんなものと思われないのです。原稿を既に送ったがどうだろうか。しかしまだ何時にてもなお改め得るのだが。

「身心脱落々々身心(26)(驢覰井、々覰驢(27))。絶対は一でなければならない、矛盾的自己同一でなければならない云々」という様にかいたのです。ご教示を乞う。

230　10月1日　**木村素衛**　鎌倉より

［若い人の成長が老後の楽しみ］

「表現愛(28)」出ました由数日前朝日の広告にて見、待ち居る所でした。小生の古稀の祝をなし下さいました事お心の程難有うれしく存じます。外見はともかく根気というものが全くなくなりもはや何もできないとおもいますがただ若い人々のだんだんのびて行かれるのを見守ること老後の楽之より大なるものなしと存じます。

表現的形成において人間の具体的存在を見るという君の御考は最も能く私の表現の意義を理解せられたものと思います。

231　11月25日　**務台理作**　京都より　〔真に具体的な歴史的実在の世界の論理〕

少し前に手紙をかきましたがまだ少し申上げます。君がふり返る隙のない所に形式論理も最奥の Quelle〔源泉〕を持つ、日常性の論理に却って論理の原型とその Quelle がひそんで居ると云われるのは面白いとおもいます。どうも論理主義の哲学の人々〔に〕はこういう点がすっかり忘れられて居るとおもいます。そういう所から真に具体的な歴史的実在界の論理が構成せられねばならない。私はそれが本当の弁証法というものでありへーゲルもそんな事をねらったものであろうと思う。しかし所謂理性論理に捕われていたかれはどうも本当の平常性まで徹せなかった。Sein ist absolut〔存在は絶対的である〕という絶対が真に矛盾的自己同一的な平常底でなかった、主語的であった。私は先日高坂君にも一寸話したのであるが一即一切一切即一の仏教論理、華厳の事々無碍、天台の一念三千など心を対象とする心の論理であったと思う(西洋の対象論理に反して)。我々の精神現象は一即多多即一の形式において考えられるのである。心即是仏仏即是心という時それは直に世界の構成論理となる。委細また鎌倉にて。

232　11月30日　木村素衛　京都より

［古郡兼通の偈に関わる質問］

万仞崖頭撒《サッスル》レ手ヲ時　鋤頭出レ火焼二宇宙一　身成二灰燼一再蘇生　阡陌依然禾穂秀

〔万仞《ばんじん》の崖頭《がいとう》から手を撒する時／鋤頭《じょとう》火を出して宇宙を焼く／身灰燼《かいじん》と成りて再び蘇生し／阡《せん》陌《ぱく》依然として禾穂《かすい》秀ず〕

これは白隠和尚の弟子古郡兼通《ふるごおりけんつう》という人の偈《げ》です。独園和尚の著、近世禅林僧宝伝の下巻四十四丁ウ。

これは禅の公案を一生懸命に修行しつつ忽然悟った時の心境を云ったものです。高い崖《ガケ》の上から手を離した時というのは一生懸命に公案の修行〔ママ〕をどうしてもダメだ自己というもの（私というもの）がある間は公案と一つになれない、天地一枚になれない、窮し窮し尽して自己自身を失った時ということであろう。その時は恰も高い崖の上から手を離した気持だ。絶対の死に入るのだ。

鋤頭火を出して云々というのは一生懸命で修行をして居るのを高い崖の上で畑でも耕して居ることの様に喩えたのであろう。鋤とは公案のことならん。修行して真に公案三味となった時パット火が出て自己も天地も焼き尽してしまう様だ。即ち絶対の無に入る、我もなく人もなく天地もない。そういう絶対の無に絶対の死に入った時そこから絶対の宗教的生命が溢れ出て来る。真の自己の生れて来〔る〕。それを蘇生するという。真に死して生れることだ。Paul は自分の命はもう十字架に附してしまった、ただ Christ lives in me というが如くである。田や畠が元のままだ。有名な蘇?東坡の詩(29)という廬山《ろざん》は烟雨浙江《せっこう》は潮、まだ行って見ない間は行って見度、いろいろ心を悩ました、行って見たら別事なしだ。終の句がやはり廬山烟雨浙江潮という同じことならん。

こんな詩は中々訳すのはむつかしからん(30)、その意味にても訳するか。

これをすぐに中嶋〔島〕君の方へ送った方が手数を除けてよいとおもいましたが君に見て理解して置いてもらいたいとおもい君の処へ送ります。君より中島君へ送って下さい。

昭和十五(一九四〇)年

233

1月21日　**務台理作**　鎌倉より

[フロックコート・シルクハットで講書始に(本年は控として)]

御手紙拝見いたしました。君のこの頃論理についてかかれるものは私は多大の興味を以て読んで居ります。一月のもの(31)もよみまして二月の続きを待ち居ります。論理というものについて今日いろいろ考えて見るべきことが多いとおもいます。アリストテレスの考え方に対してガリレイ的というレヴィンなどの科学の考え方も我々もっと深く考えて見るべきであると思います。レヴィンのあの論文御一読いかが。どうも論理というものは従来考えられた如く単に形式的一般的というのでなくGeist〔精神〕があるとおもいます。論理を形式的一般的というのが既に一種のガイストであろう。例えば仏教の体験の如きものを西洋の対象的論理の如き立場から考えるとその体験内容が異なったものとなると存じます。もし仏教体験そのものが真ならばそれはそれ自身の論理を有たねばならない様におもいます。例により三月末頃まではいますからお暇の節どうぞお出下さい。高坂はいかにせしや。私のフロック、シルクハットも滑稽だが皇室の事なり。哲学は始かと存じますのでお受致しました。

234　2月7日　**務台理作**　鎌倉より〔はがき〕　［キェルケゴールの「死に至る病」］

君の「思想」の論文をよんだ。論理に対する大きな革命的な考と思うが私は全然同意見だ——矛盾的自己同一として時の考、個についての考、日常性についての考——いずれも。新書の「日本文化の問題」というものを書いて岩波へ送った。今私の心はキェルケゴールの「死に至る病」をよんで動かされて居る。こういう所からまたかいて見たいと思っている。

235　3月3日　**山本良吉**　鎌倉より　［山本との対談「創造」をレコードに録音］

御手紙之事[32]すべて拝承いたしました。

歴史哲学というものについては私は十分考えて居るつもりである。また（私の歴史哲学の立場から）それから創造ということが人間存在の中心と考えて居る。而して道徳というものは特に今後かかる点から考えられねばならぬと思って居る。しかしそれを教育に（practicalに）どういう様にしてと云われで〔ママ〕もまだそこまで研究していない。まだ単に理論的にとどまるのである。この点御承知置きを願う。

236　3月12日　**西田外彦**　鎌倉より　［強く生きるという精神が肝要］

今度こそはと思っていましたが御手紙によればまた何時か分らぬ[33]こととなりました由誠に困ったことと存じます。しかしこれも何とも致方なき次第、かかる事に気を腐らすことなく何処までも向上発展の精神を失わぬ様お心がけの様切望の至りに堪えませぬ。

何処までも学問研究の情熱を失わぬ様、むつかしいことでもあろうが少しの暇でもその方へ向ける様心がけ努力せられる様いのり居ります。学問研究というものは一旦やめるとまた回復すると云う事が極めて困難のものだと云うことを深く念とせられたいと思う。人間は如何なる場合にも強く生きるという精神を失わぬ事肝要と存じます。如何なる困難の境遇においても自分の志を挫折せず、艱難に逢って意気益奮うという風でなければならぬと思います。「挫折するか、何処までも強く生きるか」、この一念の分れる所に人間一生の分れ途があるとおもいます。何処までも挫折することなく強く強く生きるという精神をもって静に時の到るを待つの外ないとおもいます。まだ若いのであるからそれがまた人間をきたい上げどれだけ生涯のためになるかも知れないとおもいます。

237　3月12日　**堀維孝**　鎌倉より　［津田左右吉と岩波茂雄が出版法違反で起訴される］

津田の事[34]本当に遺憾に存じます。八日の晩或処にて同氏に逢い同氏は予想していな〔か〕った様です。その時集った法律家も或は出版法で起訴せられてもあんな条項ということは誰も考えていなかった様です。和辻君もかねて蓑田よりねらわれて居る故いかがかと心配致し居ります。昨日来ると云うことでしたが来ませぬでした。

私の書物はもう岩波で印刷ずみになった頃と存じます。私も蓑田が始終ねらい居るが直接に歴史的事実にふれて居らぬから大低〔ママ〕大丈夫とおもうがしかしこの頃〔の〕こと故常識では何とも分らず誠に困った世の中になったとおもいます。確な人からではないがなお一層極端な右の内閣へという様な事もきく。

238　5月23日　**木村素衞**　京都より　〔木村の論文「形式と理想」〕

御論文[35]拝受早速一読した。繊細微妙な洞察に富みよく調った美しい論文とおもう。論文そのものが一つの芸術品と云ってよい。芸術論としては私は之に加うべきものを知らない。ただ今後かかる構造を世界成立の根柢において明にし学問も道徳もそこから考えられる様努力せられんことを望む。芸術を一つのFall〔事例〕として考える様。

239　6月26日　**山本良吉**　京都より　〔近衛文麿の第二次組閣〕

近衛君の出馬については私も同様の感を致し居ります。数日前こちらへ来ら〔れ〕し時逢い同様の事を話しましたが同君は周囲の事情〔で〕出なければならない様になり居〔る〕らしい。しかし自分は何処までも理想を標榜して之を堅持すると云っていましたから私は極力之を勧めて置きました。しかし実際に当りていかがあらん。

240　9月30日　**滝沢克己**　鎌倉より　［田辺元の合理主義］

山口の方へお帰りの由、京都で田辺博士に御逢いの由、どうもあの人は私と同じ様なことを云われる様であるが私にも根本的に立場が異なって居ると思うのです。田辺君の如き立場ではどうしても合理主義主観主義の立場を脱することができないのでないでしょうか、いかが。

241　10月1日　**西谷啓治**　鎌倉より〔はがき〕　［西谷の論文「独逸神秘主義」］

早速御論文[36]を一読した。エックハルトの神秘哲学の真実をはっきり知り得たるを喜ぶ。そしてそれが現実の世界に顧みられる所以を知り得た様におもう。私の企図する弁証法というものもかかる意味において生の弁証法であると思う（君の論二三四頁）。ただしなお一層大乗仏教的に現実に即して。

242　10月25日　**片岡仁志**　京都より　［鈴木大拙の仕事］

久しぶりにて御手紙拝見致しました。元気にて折角校務に御精励之由喜悦の至りに存じます。

大拙君の事は折角の御思召にて御衷情深くお察し申上げますが私は賛成できませぬ。彼は実に国宝的な人物でないかと存じます。今無病とは申すものの何分もう私と同じく七十をいつか〔ママ〕越えた老人でありかれを方々へひき廻すことはよくないと思います。今の如き世の中ではちょっとあの様な人物はまた出るか否や分らず、私はあんな人物は大事にして置いて彼でなければならない様なものをかかせたいと思うのです。

〔文化勲章受章〕

243　11月11日　木戸幸一　京都より

拝啓　現今の如き時勢御大任嘸《さぞ》御心労多き御事と御察し申上げ居ります。

早速御祝電を忝うし難有御礼申上げます。然るに小生少しく健康を害し折角の御栄典に参列するを得ず誠に遺憾の至りに存じます。

優渥《ゆうあく》なる思召の勲章授与式に出頭するを得ず如何致してよろしきや迷い居ります。当分は一寸と汽車旅行に堪え難しと思いますので遅れましても是非自分が出頭拝受可致か、または急ぎます様なら息にても代理に出すべきや、または何とかの方法を以て御送り下さる如きこともでき得るものにや、何とか賞勲局の方より御指図ある様その方へ御一言下さることできますまいか。

昭和十六(一九四一)年

244　1月3日　**柳田謙十郎**　〔はがき〕　〔論文「ポイエシスとプラクシス」〕

御手紙難有御座いました。あれで「序論」でなお不明であった点を多少明にした積りです。私はこういう立場から新しい倫理学を構成したいとおもいます。しかし私にはなお多くの問題があります。私の如き老年のものは急がねばなりませぬ。

245　1月25日　**朝永三十郎**　鎌倉より　〔講書始で「歴史哲学について」を進講〕

御手紙難有御座いました。御無沙汰致し居ります。お変りも御座いませぬか。こちらへ来る汽車中に風をひき歯痛にて困り居る処へ何の会何の会とかつづき閉口いたしましたが今ではもうすっかりよくなりました。御進講もどうやらすませました。どうも少しむつかしいことを申上げたが陛下には何だかお困りになったのでもないかと恐察せられました。文部省の会[37]では無遠慮に文部省があまりに所謂時代に追随すると申しました処案外大分同意者もあった様に思われました。しかし無論何の効もなからん。御大切に。

246　2月8日　**高坂正顕**　鎌倉より　〔歴史哲学〕

ドロメノンは歴史的世界の起源として大変面白いと思います。私は今「歴史的形成作用としての芸術の問題」としてあの考から芸術の問題を書いて居ります。あの処からリーグルやフィドレルを論ずるのです。歴史哲学が世界歴史の哲学となることは云うまでもないことです。どこまでも突込んで考えて歴史的世界の動き行く要《カナメ》を深く把握することが必要です。これは作るものと作られたものとの矛盾的自己同一として作られたものから作るものへという点です。ホ《〔ポ〕》イエシスとプラクシスとの矛盾的自己同一という点を把握せねばならないとおもいます。いずれまた帰洛後お目にかかりまして。

247　2月8日　**務台理作**　鎌倉より　〔絶対現在の自己限定〕

御手紙拝見。先日お話致しました楕円の二焦点は無論絶対現在の自己限定の二方向という様なものに基礎附けられるのです。過去未来が何処までも現在に同時存在的な即ち絶対矛盾的自己同一的な絶対現在の自己限定において何処まで〔も〕現在において過未が否定せられ包まれるという方向と、逆に何処までも現在が否定せられる現在は消え行くものである現在は把握できないという方向とあると云わねばならぬ。前者が内在的極であり後者が超越的極である。この両極の矛盾的自己同一として作られたものから作るものへという所に生きた現在の形がある。形が形自身を限定するとか現在が現在自身を限定するとか云う立場において生きた歴史的社会的現実があるのである。いずれまたお目にかかりて委細御話しする。君が「時」の構造を考えて居るらしいから実は先日より「時」の構造について君に話したいと思って居る。時はプラトンのパルメニデスの如き考からでなくては真にディヤレクティックな時は考えられない。田辺はいつもアリストテレス的な時の考から出立するからだめだ。それには時は作り作られる操作的な時でなければならぬ。委細はお目にかかった節にゆずる。

248　2月27日　木村素衞　鎌倉より　[歴史的形成という立場から芸術を考える]

「美のかたち」[38]拝受致しました。はじめの「形式と理想」の如き〔、〕芸術論としてよい論文と存じます。自分が芸術的創作そのものの中にいて書かれた、繊細な観察に富む、しっくりした論文とおもいます(この論文には全然同感だ。特にp.68あたりの考など)。「一打のノミ」が分れば千言万語の芸術論が書ける訳です。カント・ヘーゲルなど迂回する必要はない。

私も「歴史的形成作用としての芸術的創作」という様なものを書いて見ました。五月号の「思想」に出すつもりです。君の論文に比し粗大なものだが歴史的形成という立場から芸術を考えて見たのです。つまりリーグルとかヴォリンゲルとか更にフィードレルとかを哲学的に基礎附け様という試みに過ぎませぬ(君の考には大に通ずる所あると思う)。出ましたら御一読下さい。できのよいものではないが。

249　5月29日　**原田熊雄**

〔日本文化を世界的に発展させるという課題〕

御手紙拝見いたしました。この頃は御健康いかがにや。つづいておよろしきや。今日の世界の大勢というのは個人的自由主義の文化がゆきつまって一大転機に臨んで居る事はいずれの方面もそう考えられるが、さりとてそれは旧にかえるという事にあらず、ここに新な世界が生れねばならぬというごとく思います。そしてこの新しい世界というのは全然自由主義を否定したものではなかろうかと思います。現今の日本の現状について貴兄の御考の様に思います。日本人が自覚するということはよいがただ反動的に旧に還るのでは進歩を阻害するに過ぎないと思います。今日反動論者のいう所は何も新しい出立点がないと思います。今日世界の一員としての日本は大に日本文化を世界的に発展せねばならぬと思います。それは日本文化を合理化することである。そこに我国の使命と存在があるとおもいます。それには合理的でなければならない。科学的ということと合

理的ということとはすぐ一緒ではない。夏にまた集って話しましょう。〔中略〕

追　日本が科学的になったといってもまだ表面的にて本当に深い原理という様なものはまだまだ努力せねばならぬ。また西洋文化というものが単に科学的と思うなどは皮相の見である。我々はまだ深く学びもし自己に還って深く研究もして見なければならぬと思います。

250　7月8日　**田中秀央**　京都より　［ボーダンの「主権」の定義］

御手紙拝見、毎度御教示難有御座いました。

Summa in cives ac subditos legibusque soluta potestas

は cives〔市民〕及び subditos（Untertan）〔臣下〕に対して summa 即ち最高の而して法によって束縛せられ〔ない〕即ち法から自由な権力という様に解せられないでしょうか。これはボーダンが主権 Souveränität を定義した語で御座いますから、主権は法律に束縛せられない絶対の権利であるから。

δρώμενον は ***δράω***〔行う〕の present passive participle〔現在受動相分詞〕として置いてよろしゅう御座いますでしょうか。

251　7月19日　西田麻子　〔封筒欠〕　〔次男外彦が再度応召〕

外彦はよく落着いていてこちらから元気に出立致しました。三人にて停車場まで送りました。入隊後まだ通信なども禁ぜられて居るのでないかと存じ居ります。今日の様な状態にてはどういう風になって行くか殆んど見当もつかぬとおもいます。私も、昨秋帰って来てくれて全く安心いたしたのですがまた今日の如きことにて。この世の中のこと明日どういう事が起るか分らない、これが人生というものだと云うことを今更ながら深く感じました。しかしこういう時こそ真に人間の値打というものがためされる時と思います。そして人間が一段一段と向上して行く時とおもいます。何処までも人間は悲観してはいけない。一難一難と勇気を出して行かなければならない。こういう時が進むか退くか人生の分岐点とおもいます。こういう時こそ女ながらも高邁な精神を奮い起して一向に二子の教育に努力してもらいたい。外彦も深く之を念として頼んで行きました。私ももう老年ながらできるだけの事は致したいと思います。外彦も何一つ落ついて始めることもできず誠に気の毒だがかれはなお四十なり。私の年まで生きてもなお三十年余も働くことができるとおもいます。人間はただ心がけ一つで相当の事ができるものとおもいます。私は二十三日鎌倉へまいります。

252　8月11日　**下村寅太郎**　〔はがき〕　[ライプニッツの哲学と相通じる]

私はこの頃また君の「ライプニッツ」をよんでいます。この書は(特に前半)実によくできて居る。私の考はどうもライプニッツと最もよく相通ずると思う。矛盾的自己同一的一般者の論理即ち場所的論理の立場から本当に歴史的世界を包括したMathesis Universalis〔普遍学〕ができそうだ。

253　8月23日　**鈴木大拙**　〔はがき〕　[大拙の言うところを哲学的に言いたい]

二書[39]難有。「禅の諸問題」早速拝読。先ず悟ということの御説明真に敬服。教えられる所多し。私は何とか之を哲学的に云って見たいとおもう。学兄のこれ等の書実に人を益する所多いとおもう。

254　9月11日　**堀維孝**　鎌倉より　[近衛文麿]

Kは今度[40]は真剣にやって居る様で私も大に喜んでいる。ただあの人は事に臨んで何処までも断乎たる勇気が足らぬので危まれる。今度こそは何とか何とかといのり居る。

255　10月14日　務台理作　鎌倉より　［務台による「場所の論理」の発展を期待する］

昨日の象徴のお話。私はやはり尊兄と同じく論理的に考えたいと思います。高坂君は大体解釈的立場ゆえああいう風になるであろうと思います。場所的論理の立場から我々の自己に対して客観的表現として立ち我々の自己を動かすものと考えてよかろうか〔と〕思います。我々は之に結合し行くことによって生々発展し之に背くことによって亡び行く。宗教的に云えば神の呼声とでも申すべきか。我々の自己が個なればなる程現実にありながら現実を越えていつもかかるものに接して居るのである。象徴という如きものよりもっと強い意義を有するもの（自己の存在そのものを決定するもの）と考うべきでないかとおもう。

場所の論理は君が一番よく分って下さる様なり。どうか御努力を望む。私はどうもだんだん自分の思考力の衰え行くを自覚する。

行ということが行為と直観との合一というならそれは作るものと作られたものとの矛盾的自己同一をただ抽象的に考え〔た〕ものに過ぎないであろう。作るということは歴史的自己の行為ということにて我々が主観的に物を考えることも実は歴史的出来事として歴史的行為でなければならない。故に例えば私が我々の自己が創造的力点という時私の行は即一々が天の行でなければならない。故に物となって行うという(即物主義)。然らざれば「行」というても主観的努力にすぎない。私はあまり人のものをよまない。また何かと注意して下さい。

田辺氏の昨年(及一昨年)秋の論文(特に昨年の論文においての批評重要とかきくが)にて私に対する批評の所もし簡単にお分りなら御指摘下さいませぬか。無論急がずまたどうでもよい様なことだが。

256　10月15日　**山本良吉**　鎌倉より　[リューマチにかかる]

御手紙難有御座いました。今月はじめ頃より俄に足や手の甲むくみ種々の関節いたみ困りましたので岩波の尊敬し居る武見という医師に見てもらいました処体内においての塩分過剰のためというのです。俗にリューマチというものではないかと思い居ります。それから糖尿の兆ありというのですが極少量の由、私等の如き年輩のものには何かあることならんと存じます。しかし用心はせねばならぬと思います。

尊兄も違和の御感もあらばとにかく誰かによく見てもらい御用心肝要と存じます。

K窮して投げ出す[41]との事誠に困ったものと存じます。これまでにさんざん軽卒に大事をあやまり動きがとれないのではなかろうか。この上更に無謀の暴挙に進めば前途寒心の至りに存じます。

257　12月21日　**堀維孝**　京都より　〔代筆〕　［退院して自宅で治療］

その後御変りもありませんか。

入院もはや五十日にもなりまして大分快くはなりましたが全治までにはまだ中々と存じますので、二、三日の中に一旦退院、自宅にてゆるゆる治療いたすつもりで御座います。

昭和十七（一九四二）年

258　1月15日　**務台理作**　京都より　〔代筆?〕　［孫の進学（哲学を希望）について］

私の病気は大体において同じ様な有様にてなかなか目立ってよくもなりませんが暖くならば段々よくなる事と思い居ります。武蔵高校において御教を受けた上田薫の事につき、両親初め私も東京法科に入学する様にと申しますが本人は京都の哲学へ入りたいと申してききません。一体哲学などへ入るには多少それに向いた素質がなければならぬと思います。私はかつて彼の一論文を見ましたがはっきりはして居るが余り面白くもなかった様に思いました。尊兄如何お考え下さるでしょうか。どうか遠慮のない所を参考に一寸とお知らせ下さいませんか。

259　2月21日　**山本良吉**　京都より　〔はがき〕〔表代筆〕　［指が少し動かせる状態になった］

全指弓ナリト雖コレ位ノ字ハ書ケル様ナリ。言ハント欲コト山ノ如クナルモ指動カザルヲイカンセン。

260　3月9日　**鈴木大拙**　京都より　〔封筒代筆〕　［私にも春が来るにちがいない］

梅花一輪を損ぜずして到着。多謝多謝。今朝鶯来り頻に鳴く。清香室に満つ。我ニモヤガテ春来ラザルベカラズ。〔中略〕

〔以下他筆〕　御菜園の青物かれこれ御恵み下さいまして有難う御座いました。おかげ様にて今夕はほうれん草のひたし物を供して喜ばれました。お添え下さいました梅花もそのまま病室をかざって居ります。御親切のほど深く御礼申上げます。

261　3月20日　**三宅剛一**　京都より　〔封筒代筆〕　［場所的論理の解明を受け継いでほしい］

なお大体仰臥のままだが硬直せる指にはさんでハガキ位かける。

その後はいかん、君にもどうか私の書いたものをよくよんで考えてもらいたいとおもい居る。自分がだんだん健康が衰えるに従って。

歴史哲学の方は大分人を得たが私のトポス的論理はあまりやるものがない。独り務台君がやってくれるのみだ。

どうか君にも考えてもらいたい。君も一適任者と思う。

262　3月27日　**鈴木大拙**　京都より　［世界中の人が狂う世］

「一真実の世界」[42]送り来る。多謝多謝。

人生いつまで辛抱すべきかの言、真に然り。こう世界中の人狂うては遂にいかがなるのか。一人達識の人なきか、遂にノアの洪水来らん。近日また御入洛之由、拝顔を待つ。

263　4月16日　**堀維孝**　京都より　［老癈人となる］

仰臥もはや半年私も全く老癈人となりました。どんな病気もくるしいが誠に長いので困る。大拙曰く、人生いつまでも辛抱すべきかと。真に然り。

264　5月3日　**高坂正顕**　京都より〔はがき〕　[国史の前に西洋史をやる必要]

私がきょう近衛の次男が西洋史をやったらよかろうと云う理由の一を云うことを忘れた。国文〔ママ〕をやるには先ず西洋史をやる方がよい。今日我国史のだめなのはただ国史だけやるからだ。委細はまたお目にかかりた時。

265　5月12日　**原田熊雄**　京都より　[戦況に関して]

トントン拍子に行って居る如く見えるがさてインド濠洲と何処までもひろがり行ってどうなるものにや。我国力とて無制限にもあらざるべし。一面に深く自己に反省国内を調うべき時にあらずや。然らざれば却って敵にひきずられるの恐あり。それにしても真に人心の一致ということが必要なり。全くに無経験無知識でありながら何事にも干渉し是非を問わず善悪を弁ぜずおのれ意志のままにしようとするのでは国家の前途を害すること実に大なり。有識者は黙し居るも心中皆大に憂えざるものなし。私は実業家にも教育者にも逢うごとに自己の信ずる所を直言し各自の職場を守って国家に報ずべきを云い徒らに迎合すべからずと主張し居るなり。

266　7月17日　**堀維孝**　京都より　〔旧友山本良吉の死〕

御手紙難有御座いました。私は不相変之状態に居りますが山本が急死したので実にがっかりいたしました。十三日朝山本宅からの電報に対し万感胸にみち終日氷嚢を頂いて臥てしまいました。五十余年の親友思い出す毎に胸迫り何とも云い〔ママ〕忍び難い思がいたします。

267　8月10日　**西谷啓治**　京都より〔はがき〕　〔曽我量深の『本願の仏地』について〕

「本願の仏地」[43]というのは一寸面白いとおもいます。この書は何処でお求めにや。京都でこの種の本何処にあるか。「救済と自証」というのが面白いのではないか。親鸞後、真宗のドクトリン形成の歴史の本も御見せ下され度、御序に田中の宅へ。

268　9月8日　**下店静市**　京都より　〔東洋芸術の空間は心の空間〕

御論文[44]拝読致しました。私の如き実際の芸術品について研究したことのなきものは尊兄が東洋画は俯瞰法だと云われるにはなる程そうかと申上げる外御座いませぬ。私はかねて芸術的空間は無論主観的客観的なものでなければならぬので御座いますが、西洋芸術の空間は物―空間であり東洋芸術の空間は心の空間であろうと考え居るので御座います。高説はそういう所にも結びつくではないかとも存じます。なおよく考えましょう。

昭和十八(一九四三)年

269

2月16日　**山内得立**　鎌倉より　［多と一、私と汝、連続と非連続］

御手紙拝見いたしました。御恢復の由安心いたしました。個物的多と全体的一との矛盾的自己同一即ち断絶の連続から私と汝とは個物的多の相互関係として考えられるのである。絶対矛盾的自己同一というものが神であり、神を媒介として私と汝との関係、非連続の連続が考えられるのである(コンナコトは私は続の序文[45]かに一寸云って置いたかと思うが)。しかし御質問の立場というのは形式論理の立場を離れないものの様に思われ、私の今日まで苦労した論文集などお読み下さったのかいかが。人は私の云う所をvorurteillos〔先入観なく〕によく読みよく考えないですぐに私を悟道とか何とか云ってかたづけてしまうが、私は深く歴史的現実を論理的に分析しそこから考えて居るのである。歴史的現実の自己限定こそ具体的論理、真の論理の形式である。

我々は今日論理というものを深くその根柢に反省して見なければならない。従来の如き対象論理は已に行き詰ったものである。それではもはやすすめない、恰もニュートン物理学の如く。私は哲学論文集第二の「論理と生命」以来論理というものを反省して見て居ると思う。今度の論文（二月号）(46)の如きものこの点を努力して居ると思う。若い連中でもよくそれを理解して居るか否やは知らぬが少しは私のそういう立場を理解した様だ。君のすぐ悟道とか云われるにはがっかりした。私の論理について論じて居る所を読まないとあらば致方ないが。もしお読み下さった上君の如き頭の人がそう云われるのならどうかよく教えてもらいたいとおもう。我と汝との関係がその間に神の媒介を入れて来なければならないと云われるのは私も肯定する。而して我々が歴史的個物として真の個人的自己となることが絶対矛盾的自己同一者としての神の自己表現と結合することである。我々の自己は絶対矛盾的自己同一的世界の個物的多として神の自己射影点である。少くも今度の論文でもどうか御精読下さい。

私の論理の問題は私の一生懸命の仕事故どうか尊兄にもよく聞いてもらって間違っていたらよく教えてもらいたい。手紙ではだめ故帰ってからゆっくり御話し合って見たいと思う。いつまでもフッサールやハイデッゲルでもあるまい。もし私のいう所に何か顧慮の価値があると御考なら少しでも御互に話し合って我国の哲学の発展に努力しようではないか。私はこれまで人のいう論理というのはドグマに捉われているとおもう。

270　2月19日　西谷啓治　鎌倉より　［禅と哲学とを結合したい］

「思想」の論文をおよみ下され御理解を忝うせしこと私としてはこの上なくうれしく存じます。少しでも諸君に理解せられだんだん発展して行ってもらえれば私も実に生きがいがあったとおもいます。背後に禅的なるものと云われるのは全くそうであります。私は固より禅を知るものではないが元来人は禅というものを全く誤解して居るので、禅というものは真に現実把握を生命とするものではないかとおもいます。私はこんなこと不可能ではあるが何とかして哲学と結合したい。これが私の三十代からの念願で御座います。しかし君だからよいが普通無識の徒が私を禅などと云う場合、私は極力反対いたします。そんな人は禅も知らず、私の哲学も分らず、ＸとＹとが同じいと云って居るにすぎぬ。私の哲学を誤り禅を誤るものとおもいますから、哲学の立場宗教の立場もこれからだんだん考えて行きたいとおもいます。今は今度の論文の「三」の所をもっとはっきりする為に「歴史的世界の構造」と「自覚」との関係の様なことを少しずつ書いて居ります。そしてデカルトに興味を有ってきました。コギト・エルゴ・スムが矛盾的自己同一として既に歴史的世界構成の論理だと思うのです。いずれまたその中委しく書いて御教示を得たいと思い居ります。

271　2月24日　久松真一　鎌倉より　〔大燈国師の「億劫相別れて須臾も離れず」〕

小宮君に南坊録を岩波文庫に出したらどうかと云ってやりました。「思想」の論文をお読下さいました由、今あの「三」の所を委しくはっきりさせる為め「自覚について」というものを書いて居ります、君のえはがきの億劫相別而須臾不離　尽日相接而刹那不(47)接が来て丁度私が今書いて居る矛盾的自己同一の論理をそのまま言い表わしたものの如くに感ぜられ、絶対の宗教即ち絶対の論理と感じました、私は人の考える如くただ歴史哲学をかいて居るので〔は〕ありませぬ。

272　3月3日　柳田謙十郎　鎌倉より　〔他の人からの理解ある批評を望む〕

自分にはどうしてもこうでなければならないと思うのものあり。七十四歳の今日までつづけて居り自分には益々明白に自信を有ちうる様になるので御座いますが、どうも従来の哲学の出立点や考え方と違うもの故人に理解せられず淋しく存じ居ります。私だけのことにて消え行く何にもならないことかも知らないがさりとて人の批評というものが何も私を理解してのことは思われず、他日理解せられたらと思うことも御座います。

真に私を理解せられての批評があり更に私を越えて行かれるならば私としてはこの上の喜は御座いませぬ。私は直に私の書くことをやめたいと思います。

273　4月1日　末綱恕一　鎌倉より　［自己がそのなかにいる歴史的世界の論理］

先日は遠方をお出下さいまして難有う御座いました。お目にかかり得たことを喜んで居ります。ヘーゲルの弁証法というものではどうしても real world というものを把握することはできないと思います。加之《しかのみならず》あれでは個物の相互関係というものが本当に考えられないので spiritual world というものもむつかしいとおもいます。ヘーゲルの哲学が科学と離れた所以と存じます。

私の論理というのは我々の自己がその中に居る歴史的世界の分析から出立するので御座います。何となれば論理というものも歴史的世界の自己形成から出て来るものであるから。我々は従来の論理の形式を用いる前に今一度その根柢に返って世界と論理との関係について深く検討して見なければなりませぬ。従来の論理というものが歴史的に出て来たものですから。そして右に申しました様に今ではヘーゲルの論理というものでも真に実在界全体を把握することのできないものと考えられますから。私は論理の最も根本的な形式は我々の自己がこの世界の個物として世界を表現し逆に世界の自己表現となるという私の所謂矛盾的自己同一という形式と考えざるを得ないので御座います。これは世界が多と一との矛盾的自己同一的に形作られたものから形作られたもの〔ママ〕へと動き行く科学的世界をも含む論理の形式と思うので御座います。Deus ex machina〔機械仕掛けの神〕と仰せられるけれどもそこに行為的直観の媒介というものがあるので御座います。単なるsyllogism〔三段論法（推論式）〕からは何物も出て来ませぬ。数学の如きものであっても単にsyllogistic logicから構成せられるのではない、かと思いますが。無論数学では思惟そのもの〔の〕直観でしょうが。具体的論理は直観を自己媒介として含んだものでなければならぬと思うのです。箇々の実体の表現ということは個体概念というものを深く考えることから出て来ると思います。個体概念というものが自己矛盾的概念ですから。（個体概念の深き自己批評から出て来ると思います。）非連続の連続は「時」の自己批評から分って来るとおもいます。

なお色々申上げたいが手紙にてはどうも尽し得ず、またお目にかかる機を得て委しく申上げ遠慮なく御批評を仰ぎたいと存じ居ります。

274　5月5日　末綱恕一　鎌倉より

［カントールの集合論］

三十日帰洛のつもりにて切符まで買ったのでしたが用事ができましたので少くも今月

二十日過までは帰られませぬ。御手紙を非〔拝〕見いたしまして喜ばしく存じました。御考は私全く承認いたします。哲学の専門の人が分ってくれないのにとにかくそこまで御理解下されたこと難有存じます。今度書きましたもの(五、六月の「思想」[48])の終の方にも極めて簡単ですが一寸基数序数の関係にふれて置きました。出たらまた御一覧を願います。無論数学の事を書いたものでなく前論文の基礎附けという如きものですが。ギリシャ数学とか近世数学とか申しますが無論異なった特色はあるが人は数学というものをよく考えて居らぬ様に思われます。それは数学というものからの特色でなければなりませぬ。カントルの集合論は実に面白い。しかしカントルのメンゲ〔集合〕の論理は不十分の様に思われます。数学や科学の基礎にある行為的直観を明にすべきであるという御考全くその通りで御座います。そこへ行くと哲学者は粗大にて中々むつかしい。

275　6月3日　**田辺寿利**　鎌倉より　〔書留〕　〔世界的世界を構成する必要〕

文体にした要領はできましたでしょうか。別紙は文体になって居りませぬが簡単な要旨として佐藤軍務局長の要領理解[49]の参考に供するため一緒に同氏にお渡し下さいませぬか。〔中略〕

〔以下「別紙」〕

〔封筒表〕　佐藤軍務局長殿

〔封筒裏〕　西田幾多郎

要　旨

一つの限ぎられた空間において強大なる勢力と勢力とが対立する時、勢、激烈なる闘争に陥らざるを得ない。十九世紀から世界は既にかかる情勢にあった。故に十九世紀は帝国主義の時代であった。今世紀に入って、かかる情勢はその究極に達した。今日全世界が好むと好まざるとに関せず、世界大戦争に陥った所以である。

世界が今日の如き世界情勢を脱却して、真の世界平和に入るには、各国家民族が各自自己を越えて一つの世界史的世界即ち世界的世界を構成するの外にない。しかし一つの世界的世界を構成すると云うことは、ウィルソンの民族主義においての様に、平等に各民族の独立を認めることによって一つの国際聯盟を構成すると云う如きことではない。それは十八世紀的な抽象的世界の理念に過ぎない。その不可能なることは今日の世界戦争の事実が証明して居るのである。真の世界的世界を構成すると云うことは、各国家民族がそれぞれの世界史使命を自覚して、各自自己を越えて、それぞれの地域伝統に従って、一つの特殊的世界を構成し、而してかく歴史的地盤から構成せられた幾箇かの特殊的世界が結合して、真に一つの世界的世界を構成することである。世界的世界においては、各国家民族は、それぞれの歴史的使命に生きることによって、一つの世界に結合するのである。これが今日の世界戦争によって要求せられる世界の新秩序であり、また人間の歴史的発展の終極の理念でなければならない。我国の八紘為宇《はっこういう》の理念は、かくの如き世界的世界構成の原理でなければならない。万邦各その所を得せしめるとの、御聖旨もここにあるかと恐察する次第である。

世界的世界構成の順序として、各国家民族が各自の世界的使命を自覚して、地域伝統に従って、一の特殊的世界を構成せなければならない。これが共栄圏の原理である。我東洋においては、各国家民族は、従来、英米の帝国主義によって、その世界史的使命を蹂躙せられていた。今や東洋各国家民族がその世界史的使命を自覚して、一緒に東洋的文化の理念を提げて立たなければならない。これが東洋共栄圏の構成せられねばならない歴史的必然であり、東洋新秩序の原理である。而してかかる一つの特殊的世界の構成せられるには、その中心となって、之を担うものがなければならない。東洋においては、今日、それは我日本の外にない。

276　6月14日　**和辻哲郎**　鎌倉より　〔「世界新秩序の原理」を送る〕

別紙の基は意外の関係にて陸軍の方から頼まれ書いたのですが、これは陸軍に見せる為金井章二〔次〕、田辺寿利二氏が私の書いたものによって書いたもの(50)に過ぎませぬ。これが世に分かれば有象無象が攻撃の種にすることと存じます。どうか色々御注意をお願いいたしたいとおもいます。私は偏狭な日本主義者に対して日本精神に世界性のあることを主張したいとおもうのですがよきお考材料もなきか。実はお目にかかって色々御相談致したいのですがこちらへ帰って来てからに致します。色々のいきさつは金子よりお聞き下され度。

277　7月23日　**下村寅太郎**　鎌倉より〔はがき〕　〔日本精神主義者からの攻撃〕

おはがき拝見。
二十六日お待ち致します。
この頃はもう自称日本精神連から総攻撃です。呵々

278　7月27日　**務台理作**　鎌倉より　〔仏教思想と科学的近代精神との結合〕

御手紙拝見いたしました。暫く京都へ帰って来ました。行った時よりこの頃体の具合

少しよい様です。梅雨が一番私の体にはよくなく今後天気が快晴にならばだんだんよくなると存じます。家内ももう大体よくなりました。今では一日の大部分は起きて居ります。昨日は下村君と末綱氏とが来てくれました。末綱という如き数学者が数学の基礎論から私の考に結合してくれるので私はこの上なき愉快に存じ居ります。私の場所の論理を媒介として仏教思想と科学的近代精神との結合ということは私の最も念願とする所であり、最終の目的とする所で御座いますが、もうそういう余力もなくなった様に思われます。この夏は大分ボケました。今月の色々の雑誌お覧〔ママ〕のことと存じます。何と云ってもなさけない次第です。

279　8月13日　**鈴木大拙**　鎌倉より　〔はがき〕　〔哲学における身体の問題〕

君の信道の話(51)をよんだ。どうも哲学者も従来身体というものを蔑視して深く究めて居らぬ。その僻《くせ》全心肉体にひきずられて居るのだ。私は哲学としても身体というものを深く究めなら〔ママ〕ねばならぬと思って居る。

280　8月24日　**柳田謙十郎**　鎌倉より　〔静かに死んでいきたい〕

字引を作るとの御考、これは私の如き長い間色々の書き方をするものにはゆくゆくは必要かと存じます。いつか金子なども何かインデッキスの如きものを作ってはなどと云っていました。もし私の哲学に対する世間の興味が今位の程度につづけばそういうものも世に出る機会ある事と存じます。しかし果してどうか。

現今の思想界の有様は誠に何とも中様も御座いませぬ。全く御同感です。こういう方向にのみ進んで行くものとすれば我国の前途もいかがなり行くことでしょう。しかし私は天地正大気[52]いつしか甦り来ることと信じ居ります。ただこういう時代に遭遇して真面目に研究し居らるる若い人々に気の毒に堪えませぬが真理はいつか顧みねばならない時が来るでしょう。姑蔵書壁土、又待漢時春[53]。古来不遇なりし幾多の英傑のことをおもえばこれ位の事何でもないでしょう。

私は今秋風と共に胸中誠に涼しきものがある様です。深く自己自身に沈潜して静寂なる無限の喜を感じます。百世人知るも可、知らざるもまた可、かくして静に死んで行きたいとおもいます。昨今新聞にて藤村《とうそん》の死を見てあんな様に知事など騒がないで静にinsignificant(ささいなこととして)に死んで行きたいとおもいます(ライプニッツが犬の様に葬られたと云う如く)。

君も一つ死んでこれがよくもあしくも「私の生命の書だ」と云って神の前に出すものをお書きなさい。

私も宗教について私なりにいかが考えるかということを少しでも書いて見たいと思うのですが、今なお数学物理学という様なものが心をひきます。それに宗教のことは大拙や久松に托した方がよい様にも思う。大拙はまた今度「宗教経験の事実《大東出版》」[54]というものを書きました。

私は今、今春来の二つ〔の〕論文[55]をあれだけで第五論文集として出そうとおもい原稿を作り居ります。あれだけでも大体色々の問題を私の立場から考える見当がついた様に思います。姑《しばら》く小さいものを書いて見ようかとも思い居りますが、私の立場からもっと特殊の問題に触れる様に、もう大分頭がボケました様故いかがですか。とにかく今後書くものは今春来の論文をよんでもらわねば理解し得ないだろうと思う故一先ずあれを出して置きたい。

281　9月21日　木村素衛　鎌倉より　〔金沢の思い出〕

暫く御消息を得ずいかがかと存じていました処御手紙を拝見し御無事の由喜ばしく存じました。私もつづいて不相変の状態に居ります。金沢行の序《ついで》橋立の方へもおよりの由、あの墓地の所は私が昔増谷《そうや》君の所へ行きました節同君に伴われて参りました。今なおかすかに記憶に残り居ります。私も北国之海はどうも東海道辺の海と違うと存じます。何もないただ茫々たる海水には何も変りもなさそうなものだがそうでない。私はいつも海にPhysiognomie〔骨相・特徴〕があると申すので御座います。私はまだ四高の教師時代、病気をして徒然のままに国華を見て日をくらしていた時、馬遠?であったか誰かの寒江?垂釣(56)とかいう何もないただ細い波たげ〔ママ〕の中ただ船が一隻あり人が釣糸を垂れて居る〔ママ〕を画を見ましたが、いかにもその水が寒いという感を致しました。自然は実によいものです。金沢の大動員のお話、大聖寺の老商のお話、日本はまだまだ何か容易ならざるものが来るのではないかと思われます。

少し秋らしくなりました様です。門前萩の花が満開です。心静にできるだけ書き残して置きたいとおもい居ります。この秋に帰洛いたしたいが何だか旅行面倒で億劫なのでどうしようかとおもい居ります。大分私も元気なくなりました。

金沢は気候のわるい所だが静寂なまた私に思出の多き所にて行って見度感もいたします。

282　10月25日　**島谷俊三**　鎌倉より　〔学問の命脈をつなぎたい〕

御手紙難有御座いました。もうもう〔ママ〕大学も閉鎖同様となりました。どうも大勢已むを得ませぬが何とかして学問の命脈をつなぎ度ものです。文部省には誠に誠に困ったものです。教学官とか督学官という人々が一派右傾団体の人々と一緒になって学問の攻撃をするのですから。

283　11月14日　下村寅太郎　鎌倉より　〔物理学の根本原理〕

昨日末綱君より手紙来りW論拝見、これは実に面白く非常にはっきりして流石に本当の専門家は専門家と敬服いたしました。この様にして私の粗笨《そほん》〔な〕か考が多少とも示唆になるとすれば冥加にあまる次第と存じます。日本人は日本人のものを重ぜないが互に研究して行けば面白いものが出るのではないかと存じます。物理の事を少し書いて見たがどうもやはり根気がつづかぬので打切りました（長く書くつもりだったが）。

前の論文以来世界の根底を自己の中に自己を映す〔と〕いうことから考えるに本づき、そこに物理学の根本原理なる（位置から運動へ、運動から位置への）エネルギー交換を結びつけて見ました。不相変〔君?〕いろいろ考えたもの故ごちゃごちゃしてしまいました（一月の思想にのせ得るか）。私だの末綱君あたりに見てもらいたいとおもい居ります。

昭和十九(一九四四)年

284　1月28日　末綱恕一　鎌倉より　[数学基礎論の問題]

今度「論理と数理」というものを書いて見ました。これは全く学兄の御考を論理〔的〕に裏附けようとして試みたものなるが、どうも数学というものが分らぬのでだめです。三月の「思想」[57]に出るつもりですが、出たら色々御高教を願いたいとおもいます。直観論者でも公理論者でも数というそのものがどういうものかという問題については私共には不明の様に存じますが、ラッセルの implication〔含意〕の論理ではやはりただ抽象的一般者の論理であれでは数理を基礎附けられない様におもいます。物理について書きましたもの[58]は一月の「思想」故、近日出るかと存じます。出ましたら一冊さし上げます。これも御教え願いたいと存じます。これは随分思いきった大胆な考です。随分物笑いとなるものかも知らぬが量子力学の世界はどうもここまで行かねば徹底せないとおもいますので、兎に角考えて見たのです。

285　3月4日　植田寿蔵　鎌倉より　［三女静子の就職にあたって］

啓　静の事[59]につき御配慮下され御厚情誠に誠に難有深く深く御礼申上げます。何卒御遠慮なくきびしく御指図御使い下され度お願申上げます。報酬などの事は必ず必ず御配慮下されまじく、私もだんだん老年に相成りもう何時死んでも思い残す事なしと存じ居りますが、ただ心にかかるはかれの事のみで御座います。健康はもう人なみとなりましたがもはや婚期も遅れ今後何でもかれ相応の仕事をいたし行く様致し度と存じ居るので御座います。何分よろしく。御礼まで。

286　3月7日　務台理作　鎌倉より　［自分の論理を人々に理解してもらいたい］

御手紙拝見いたしました。お変りもなき由何よりと存じます。私も無事どうやら冬の峠を越しました。一昨日はここも少し雪がふりましたけれども。私は今日の日本の学界に悲観いたし居ります。これでも戦争でもすすめばまたどうなるか知らぬが、しかしとにかく自分に深く自ら信ずる所あり。もう何年生きるか知らぬが書けるだけ書いて置きたいとおもい居ります。三月号の「思想」に「論理と数理」というものが出る筈です。これで従来の論理との関係において一般の人に少し私の論理というものが分ってくれないかと思うのです。何にせよ理解しようともせないで始から批評の目を以て見、而も従来の論理からのみ見て居るのであるから。今ライプニッツの予定調和というものを手がかりとして少し書いています。宗教の方へもだんだん移って行きたいとおもいますのでその準備のため。

〔論考「国体」を執筆〕

287　3月10日　**長田新**　鎌倉より

その後お変りも御座いませぬか。先達って尊兄の御紹介にて来訪せられた代議士が切に私に国体ということを書けとすすめその外にもすすめる人あるにより、今私はそういう問題を書くまでに至っていませぬが後日のため一案として一寸十行二十字詰原稿紙五十頁のものを書いて見ました。これは極めて不完全のものなり。かつ私を陥入れるべく狙うものの多き時節故今発表する考は御座いませぬ。しかしこれを謄写版かタイプにして少数の人に見てもらいたいという気も致します。尊兄の所で昨春来訪せられた如き幾人かの人々が集り私のものの御研究をなさって居られるのなら50 Pages位のもの故そんな人々にて謄写かタイプかにして下さる御考なきか。そして十部か二十部程私に下さる訳にゆきますまいか。無論この頃紙もなき時代故そんな事もむつかしいかも知れませぬが、ただ一寸御考だけ御伺いたしますまで。

288　3月15日　**植田寿蔵**　鎌倉より　〔金沢で過ごした頃〕

金沢の方へお出のよし、懐しく存じます。雨と雪のいやな所ですがまたしんみりした感じのある所です。四十までの生涯を過せし所とて思出は尽きませぬ。柿木畠《かきのきばたけ》にお泊りのよし、県庁や四高のある広坂通の下の所です。あの辺は昔淋しい所でしたが今は旅館などある由。柿木畠に昔エライ老漢〔学〕者[60]が居られたので私は子供の時毎朝早く暗い中にあの辺を通って漢文を教わりに行きました。前に川があるでしょう。一日あの川に女の溺死者があったので翌朝からあの辺を通るのが実にこわくてたまりませんでした。水車の軋る音が女の泣声の様に思われて。公園は無論そう考え過しては幻滅を感ずるでしょうがまた元よりは非常に悪くなったでしょう。古木などが枯れ、変な風にしたりして。もう旧い懐しい友達もだんだん死んでしまいまして All, all are gone, the old familiar faces.[61]――Lamb〔みんな、みんな逝ってしまった、なつかしい親しい人々が。――ラム〕。

289　3月15日　**和辻哲郎**　鎌倉より　〔国体を概念的に明らかにする必要〕

御無沙汰いたし居ります。お変りありませぬか。色々の人が来て私に国体ということを書けと云いますか〔ら〕私の哲学的立場から別封の様なものを書いて見ました。今発表してはいかがかとも存じますが一寸御一覧下され御考承り度存じます。

法律学者が簡単に我国体を家族的と云ってすまして居る様ですがRecht〔法〕というものを何処から出すのでしょうか。また学問でも宗教的でも何でも国体を基礎として国体からと云う様ですが、国体というものを概念的に明にして置く必要なきものにや。

国体が学問的真理の基礎となるのか。

290　4月17日　**三宅剛一**　鎌倉より　〔空間と数学〕

御手紙拝見、御手紙により私も自信を得て誠に難有、くれぐれ御礼申上げます。なお今後とも色々御気のつかれる所を御教示願います。Hausdorff(62)も一版二版共に持って居るのですが中々億劫なのでまだよく読みませぬ。私はどうも空間論というものがまだ数学者にはっきりし〔て〕いない様に思われるのですがいかが。私は私のいう絶対現在の空間面即ち絶対空間という立場から考えて見ようと思うのですが(そこからTopologie〔位相幾何学〕をも基礎附けられぬかと思うのです)。そして絶対現在の自己限定として形が形自身を限定するということから幾何を。今の処一寸外の事を考えていますが。

291　5月23日　**西田琴**　京都より　〔はがき〕　〔鎌倉に残してきた妻に宛てて〕

机など直ってよかった、小 ingenieur you, Jack of all trades〔技術者のあなたは何でも屋〕。痔は山根という外科医に見てもろうた(奥さんが静の友達)、一寸小さいのができかかって居るがこのまま直るかも知れぬとて薬をくれた、それでよい様だ。菊枝が赤ちゃんをつれて来た。平賀のお嬢さんのケガは直ったか。今年はコスモスはいかが元気にのびて居るか。

292　7月3日　**長与善郎**　鎌倉より　［戦局の行方］

御無沙汰いたし居ります。御手紙難有御座いました。お変りもなき由何よりと存じます。私先々月はじめ一寸京都の方へまいりましたが先月半頃帰りました。汽車にて多少つかれましたが、もう元通りになりました。我国の状勢私共書斎の老書生が最始から憂慮し居りました如き所へ段々切迫し来たれる様に思われ誠に痛心の至りに堪えませぬ。一に我国為政家の先見の明なきの致す所、今となりては尊兄の如く行く所まで行くより致し方御座いませぬ。明治以来我朝野が多少の成功に眩惑せられ、足実地につかず何事も容易に甘く考えた結果と存じます。今こそ空威張りや空虚な御題目をすてて真剣に立ち直らねばならない時と存じます。何としても国民がもっともっと実着にならねばならないと存じます。実に実に大事な時です。

293　7月12日　**田部隆次**　鎌倉より　［思想はいくらでもわき出てくる］

御手紙拝見いたしました。数日来何となく御手紙をさし上げ一度御尋ねして見ようと思っていた所でした。眼の方はどうも御恢復にならない御様子、実にお気の毒に存じます。私は悪くなる方ではないが、どうも手、特に足の神経麻痺直らず。何所にも出ることができず、毎日少しずつ下の海辺を散歩して無聊の日を送って居ります。ただ思想はいくらでも湧出する様におもわれ、これだけは書き残して置きたいとおもい居ります。

294　7月20日　**滝沢克己**　鎌倉より　［雄大な日本哲学の発展を切望］

戦局もだんだん切迫して来た様です。国家存亡とあれば何事も致さねばならぬが要するに我々は学問思想の方にて国家に尽すのが自分の本分を尽し真に国家に尽す所以と存じます。何卒そのお心がけにてできない中にも御勉学、他日の用に供せられんこと切望の至りに堪えませぬ。哲学の方にても今後何とかして日本に雄大な日本哲学が発展せねばならぬと存じます。九大の哲学というのは鹿子木、佐藤通次などに蹂躝〔躙〕せられ実に慨嘆之至りに堪えませぬ。何とかして尊兄などの力によって少しにても正しいよい方へと念じ居ります。

295　7月28日　高坂正顕　鎌倉より　［文部省の思想審議会］

務台君の話に五月頃から文部省に思想審議会とかいうものできその中〔で〕私の審議をいたし居る由、二、三回も会議が御座いました由、伊藤吉之助、山田孝雄、高田保馬など何か訳の分らぬ非難を致します由、しかし務台君(同君も審議の一人の由)の話によれば別に憂うべき兆候も見えず、その内うやむやになるのでないかとの事、盲者象を評する如く分りもせぬ徒輩が失礼至極と存じ居ります。いつか尊兄の御話の如く文部は別に悪意を持ちているのではないらしい。何か外から云われるので防禦のためらしい。

296　8月16日　末綱恕一　鎌倉より　［「場所」とは何か］

御手紙拝見いたしました。「無の自覚的限定」京都へ申しやりまして京都から直接御送りいたさせます。どうかいつまででも、いつか改版でもいたす頃まで。場所というのは「個物的多と全体的一との矛盾的自己同一として全体が全体自身を映す」と云うことであり、従来の論理のAllgemeines〔一般者〕とは異なり個物的多を含んで居るので御座います。個物的多というのが即ち集合の要素というものに当ると思います。場所ということを個物的多としての要素から離しては抽象的となり、従来のAllgemeinesと同様となり、弁証法的一般者という意味がなくなると思います。映すものが映されるものという所に場所の意味がありabbilden〔映す（表現する）〕とかexpressとかいうことには個と個とのcorrespondence〔対応〕ということがなければならぬとおもいます。場所という概念には個と個とのcorrespondenceということが含まれていなければならないとおもいます。全体的一と個物的多との矛盾的自己同一と云うことは行為的直観ということになるのでしょう。映すものと映されるものとの一なることが直観でありそれが即場所的限定ということであるとおもいます。[63] Elemente-Sein〔要素—存在〕とMenge-Sein〔集合—存在〕は別のことであり而もawbとしてgehören〔属する〕などいうことはclassconcept〔類概念〕では考えられないことでそこに場所的関係がなければならない。Es existiert mindestens eine Menge〔少なくとも一つの集合が存在する〕という時已に場所的存在ということを意味して居ると思います。個物的多と場所とは離すべからざる概念にて場所は個物的多的に或種の要素の集合でなければならないと共に個物はただ個物に対することによって個物であり個物はただ場所的に考えられるのである。個物と個物とが相働く、個物の相互限定ということが全体的一の自己限定でありまたその逆も真であるということが場所的ということである。かかる場所の概念の根柢に函数的関係がなければならない。この次お目にかかりましたら色々御話し申上げたいと存じます。

数の1というのは右の如き場所の個としての要素を意味するものであり、その根柢に全体が全体自身を映し行く函数的関係において1+1と進んで行くのではないか。空間という(64)ことを書いて見ました。その中御覧に入れて御高教を仰ぎたいと存じます。リーマン幾何学の空間というもの、数学の事は分りませぬが何だか非常に面白いものではないかと思われますが。〔中略〕

場所の概念を理解するには個物概念の自己矛盾ということを深く考えることにあると存じます。場所は個物の Allgemeines という意味を有って居るのです。

297　9月6日　末綱恕一　鎌倉より　[群論が面白い]

私はこの歳になっても私に分るかぎり数学の話は面白いのです。しかし何分中学程度の数学以上学んでいないものですから。今頃云って居る如き立場から Zero というものも何か面白く考えられないかとも思うのですが。私は群論というものがとても面白いものではないか、自分の哲学とよく結合するものではないかと久しき以来思って居るのですが。これはまた集合論とは異なって中々むつかしく手がつけられませぬ。数学のことも考えて見たいとは思いますが色々な重大な哲学問題がこの頃自分の考から新な光に照らして考えられそうなので、もう前途幾許もないこと故示唆の様なものでもできるだけ書いて置きたいと思うのです。今少し「生命」というものについて書いて見たいとおもい居ります。数学の方は学兄の如き人が御考え下さったらこの上なきことと存じます。従来数学者が形式論理の外にない様に考えて居るのは遺憾の至りです。

298　9月10日　末綱恕一　鎌倉より　〔「場所」と操作（Operation）〕

私の場所というのは元来普通の特殊の一般者と異なって無数な個物の一般者という意味のものです。故にそれは個物的多と全体的一との矛盾的自己同一という性質のものであり、固《もとより》 Operation〔操作〕を含んだものです。自己自身を形成する歴史的世界（即ち我々のプラクシスの世界）の論理的形をいうのです。Operation を導入すると云うのでなく場所の自己限定からそれが出てくる筈です。私の「場所」では群論の様に Elemente〔要素〕と Operation〔演算〕とはいつも離れてないのです。抽象的に離れたものを合せて行くのではない。私の考が群論的でないかと云われるのはその通りと思います。

先日の御手紙の第五の箇条について、Elemente の方を基として考えて行けば御考の通りと存じます。自然数から考えて行けばそうかも知れませぬがもう一つその裏面には Elemente を測定或は計量の単位（Einheit）と考える見方がいつも裏づいていはせないでしょうか（私がリーマン空間について云った様に）。そこから Potenzmenge〔冪集合《べきしゅうごう》〕、

Auswahlmenge〔選択集合〕というものが考えられるのではなかろうか。diskret〔不連続〕なElementeが、矛盾的自己同一体においていつも逆に全体が全体自身を映す立場においてMeasurement〔測定〕の単位という性質を有って居るのでしょうか。それからMächtigkeit〔濃度〕が考えられるのでないか。委しいことは書くのは面倒だからこの次お目にかかった時御伺いたします。さようなら。

299　9月20日　**桑木彧雄**　鎌倉より

〔徹底的実証主義〕

御手紙を拝受、誠に難有かつ恐縮に存じました。お読み下さる様でしたら私より喜んで進呈いたしたいと存じていましたのに。今度そういう節には御遠慮なく仰せつけ下され度。考の未熟によるは云うまでもないが物理の人はあまり興味を有ってくれず（湯川君などにも見てもらいましたが）一体自然科学の人は哲学と云えば頭から敬遠否ケーベツせられるので淋しく存じ居ります。近頃人より数年前ワルシャウにて開かれた物理学者の講演をもらい少し読んで見ましたが、ノイマンの如きは論理の事まで考え居るのに驚きました。私も実証主義者です。しかしマッハなどと違い徹底的実証主義です。そうしてファラデー、マックスウェルの「場」の考を徹底的にすべての科学の根柢にまで深め広めて考えたいと思い居るので御座います。これは中々容易ではありませぬがしかし哲学者達も相手にしてくれませぬ。こちらに参りまして意外に末綱君に逢い、こういう人もあったものかと誠に誠に心強く存じ居ります。近頃空間論というものを一寸書いて見ましたがこの頃「思想」も出ませぬので印刷もできませぬ。

300　9月22日　**堀維孝**　鎌倉より

［物資がなく飢餓の状態にある］

御手紙拝見した。老人お忙しき由。私は不相変の状態だが私も本当に、やせた。自分で股や肩や腹などをなでて見ると真に骨立、骸骨そのままだ。これは全く饑餓の状態なのであろう。何だかもう長くもいかがかとおもい時には遺書をかいて置こうかなど思うこともある。しかし毎日仕事はやって居る。書きたいことは次から次へと出てくる。ここに私の生きて居る意味があるのだと思って生死を超越して午前中は没頭して居る。午後になればもうつかれる。前は遠く散歩に出かけたが足がわるくてただ近くの海辺を少し歩くだけだ。その故極めて単調で退屈だ。いろんなものを少しあれもこれも雑読否雑覧して日をくらし居る。人の来る時は人が来るがこの頃もう大体あまり来ない。尊兄などちと来てもらいたいがこの頃の様に電車がこんでは誠に気の毒だ。私はもう他に行くことを全くあきらめた。息の所へ一度は行かねばならぬと思っていたがもうそれも全くあきらめた。

301　10月2日　**稲葉大受**　鎌倉より　〔旧友稲葉昌丸逝去〕

御手紙拝受。御尊父様には既に御他界の由、御愁傷の御事と存じます。私も多年尊敬いたし居りました友人を失い誠に淋しく存じ居ります。私もだんだん旧友を失い近来特に何となく淋しく思い御尊父様の事を思い出でて御尋ねしたのでしたが、その時御逝去なりしこととは少しも存ぜず久しく御返事がなかりし故いかが遊ばされしにや手紙に返事など怠る方ではないがと怪しみ居りました処、数日前夢に大きな建物の多人数の中より御尊父様出て来られいつものニコニコした調子にて「今君の所へ尋ネテ行く所ダ」と云れて目がさめ、何だか変におもい思い居りました所その朝鈴木大拙君来られ御尊父様の事を尋ねました処その時はじめて既に御逝去と聞き夢の感通とでもいうものかと存じいた所でした。

302　10月20日　**三宅剛一**　鎌倉より　〔自覚の根源〕

私は自覚という事が元来これまで人の考える様に単に主観的とか相対的とかいうことでないとおもいます。いずれも神の自己射影点従って世界の自己表現の坐標的原点という如き性質のものと存じます。「自覚について」の論文にもまた「予定調和――[65]」にても述べました様に、云わば神の自覚という如きものにおいて歴史の絶対的統一〔即ち創造的なものの根源〕がなければならないと存じます。私の矛盾的自己同一的場所の論理が歴史的相対性の問題に解決を与えるものと思うがいかが。従来我《ワレ》々の自覚の根源ということがまだ本当にgründlich〔根本的〕に考えられていない。

303　10月23日　**務台理作**　鎌倉より　〔浄土教の思想〕

御手紙難有拝見いたしました。君の論理も早く出てくれればよいと存じ居ります。君が浄土論の思想と結合すると云われることは私は甚興味ある関心事です。私はまだ浄土論の思想を研究して居りませぬが他日またいろいろ君の御話を伺って研究して見たいとおもいます。ただ私はまだまだその暇がない様で困りますが。

304　11月12日　**西田静子**　〔封筒欠〕　〔死は清き月夜よりも美しい〕

体《カラダ》はそうわるいと云うのでもない様で安心して居ります、どうか体と心とを大切に油断なく気をつける様に、遠くにいても私の心はいつもいつもお前の傍につきそうています、昼《ヒル》も夜もお前のことを思わない時はありませぬ、私は何時死んでも思いのこすことはないがただお前のことのみ気にかかります、どうか立派に一人でやって行く様に、女が一人で居るといろいろ思わぬ誘惑が入ったり、いろいろ思いがけない事が起ったりするものだから、心の底の底からしっかりして、人から指一本さされぬ様に。いかにも私の娘と云われる様に。

これから日本もどういう風になって行くか中々容易でないとおもいます。死ということは何も恐しいことはない、人間は誰もかれも皆死を免れることはできない、長く生きたとてそうよいこともない、死は清き月夜よりも美しい。少くも月一度位はそちらの様子でも云って便《タヨリ》なさい。しかし二人の名宛にして。そうでないと気が曲るから。

305　11月13日　**末綱恕一**　鎌倉より　〔空間と時間〕

空間とは時と反対に「一の自己否定的多」ということができる、自己の中に無限にTeilbarkeit〔分割可能性〕を含むのが空間である。何処までも自己を越え行くもの、自己〔内に自己否定を含む〕を否定するものを自己に含むのが空間的ということでなければならない。〔欄外に〕時は之に反し外に自己肯定を有つともいうべきか。

そうすると時が時として成立するには背後に空間がなければならぬ。無論それは相互的であるが。右の如くにして無限の系列を越えたものが逆に空間的に個と個との対立的に一として表すことができる。

時間空間の矛盾的自己同一として行為的直観ということが論理的に多の自己否定的に一、一の自己否定的に多として表すことができる。「一」というものを考えるに無限の系列を越えるということと共に個と個との対立という空間的関係というものも論理的に深く考えて見る必要もあるかと思う。単に直観的と云ってしまうだけでなく、例えば無限に自己の内に自己を含む、自己において自己を映す、という如きことが自己自身を見るとして直観的か。数学では空間ということをいかに考えるか知らぬが、むちゃくちゃに一気に書いてしまった。お目にかかった時またよく御伺いする。

306　12月2日　**務台理作**　鎌倉より　[場所の論理と浄土真宗の信仰]

昨日雨中を御来訪下され難有御座いました。御著(66)早速序文を拝読、論理と論理学との区別はよかった、君は成程場所論理を浄土真宗の体験的に把握して居られると思います。私も慥《たしか》に浄土真宗的信仰は場所論理的に論理的表現を与え得ると存じます。またそうせなければならぬと思います。私は場所論理はそれ自身によって有りそれ自身によって動く歴史的実在的世界の論理としていろいろの具体的なものについて把握し得ると存じます。

単に論理の形式を弄して居るのでは矛盾的自己同一の論理に入ることはできない。君は浄土真宗的に把握しそこに入口を得られたのだからそこから段々入って行ってもらいたい。包む包まれるという方をよく把握せられたが、現実と結合するには対立矛盾という方向へも深く入って行かねばならぬとおもいます。場所的対応というのはよい思附です。場所論理にはこういう方面が明にせられねばならぬとおもいます。こういう方向も深く綿密に考えて行くべきであろう。まだ中の方はよんでいませぬが。

場所的論理というものについては私はいろいろのことを考えて見れる《〔ば〕》見る程よく当嵌る様で私は深き確信を有っています。しかし中々容易の仕事では御座いませぬ。

307　12月5日　澤瀉久敬　鎌倉より　［「哲学論文集第四補遺」］

本日原稿を御送りいたしました。この原稿は元来「国家と国体」[67]という様な題で書いたのですが、昨年以来或一派(例の言論報国[68]の幹部)の者共に私に対する攻撃があり、今日まで発表を見合せていたものです。この頃は大分その方は下火になった様ですがなおいろいろ聞く所あり。とにかく国体という如きことを題目に加えるのは彼等の注意をひき何でもかでも言尻を捕えて攻撃の種にするというので全く目立たぬああいう題目にしたのです。なるべく私を狙い居る分らず屋共の注目をひかぬ様に。

私は全くこの原稿を没却し去ってもよいとは思うのですが、真に国家の事を思い思想的に我国家を明にしたいと思う人々や真の研究者にはかかる私の考も何等かの参考にもなりはせないかと思い、「哲学研究」という如き誰が見ても純学術的な雑誌にのせ多少とも京大哲学出の人々〔の〕ためにもと考えた次第で御座います。真の真面目な学徒の外には知られ度もないものです。どうかそのおつもりで。

308　12月14日　**鈴木大拙**　鎌倉より　〔年推定〕

［我々の時代のような人はもう出ないであろう］

昨朝雪がふった。鎌倉では珍らしいことだと思うがいかが、十二月に雪が降るとは。風は大事にしたまえ、老人は肺炎にでもなると困る、風は嵩じらすと危倹〔ママ〕だ。マキは庭の木を切った。もう五年でも十年でも生きてもっといろいろ書きのこし玉え、新らしい時代またいろいろの人ができるだろうが、我々時代の様な人はまたでないだろう。

309　12月16日　**高坂正顕**　鎌倉より

［ドストエフスキーを読む］

この頃退屈まぎれにドストエーフスキーをよんで彼に興味を有っています。十八世紀的思想の極限としてカントの倫理思想（これは市民的）に対して十九世紀のニーチェ的倫理思想、これは帝国主義的、今のヒットラーもこのツヅキです、これが今時の世界戦乱の原因です、ラスコーリニコフ的ですが、これは同時にドストエーフスキーの示した様にその行き詰りを示して居るものでないでしょうか、今の戦争で敵も味方も本当に自分等を動して居るものを知らずに熱狂し居るのではないでしょうか、この戦争の結果として生れる子供は誰の子でもない皆のびっくりものではないでしょうか。ドス——はニーチェの一寸と前の人だがニーチェの行詰りを明示し、その転回を示して居るとおもわれます。Umwertung der Umwertung〔価値の転換の転換〕を企てています。無論絶対否定の絶対肯定までには行っていませぬ。ただその turning point だけです。しかしこれからの世界はとにかくこの立場を通してでないでしょうか。

310　12月18日　**務台理作**　鎌倉より〔はがき〕

〔務台の『場所の論理学』〕

君の「場所の論理学」によって君のものと云うものができた様におもいます。ここよりだんだん発展して行くでしょう。ここまでが中々です。しかしまだまだ掘り下げて行って下さい。私の場所論理の metaphysical〔形而上学的〕なるに対して君はその logical form〔論理形式〕を明にせられる様におもわれます。御努力をいのります。

［浄土教の世界観と阿弥陀仏の呼び声］

311　12月21日　**務台理作**　鎌倉より

御手紙拝見。ミダの呼声というものの出で来ない浄土宗的世界観は浄土宗的世界観にはならないと思います。そんな世界では何処から仏の救済というものが出てくるのでしょう。あの人(69)は宗教というものを事実とせないでただ頭で考えて居るので少しも体験的に沈潜して見ないのです。ザンゲばかりの世界は道徳の世界で宗教の世界でありませぬ。宗教心というものそのものが自分からのものでなく、向からのものでなければなりませぬ。あの人は場所ということを今でも観ずることと思って居ると見ゆ。実に分らぬ頭ですな。馬鹿馬鹿しくも今でもシェルリングの知的直観か何かと思って居る。あれはどうしてもカントの立場を出ていないのです。場所とは対象的に観ずるものでなく自己の居る場所ではないですか。自己と世界とはただcoordinate〔調和的〕に対立するものではなくして矛盾的自己同一的に対応するのです。あれ位私の云うことを少しも反省して考えて見ない。あんなことで宗教などいうの間違って〔ママ〕道徳をだけ云って居ればよいのだ。ヒユブリスの権化にすぎませぬ。

私は浄土宗の世界は煩悩無尽の衆生ありて仏の誓願あり、仏の誓願ありて衆生ある世界と思って居ります。キリスト教ではこの世界は正邪をさばく世界、神の意志実現の世界とすれば、浄土宗では仏の慈悲救済の世界、無限誓願の世界だと考えています。ただ凡夫と仏と不対応な世界には何処から我々が仏を求め何処から仏の呼声が出て来るか。場所の自己限定は我々の個に対し偉大なる仏の表現、切なる救の呼声です。君が「自己表現」について云われた様に場所論理にては内在的即超越的なものからその自己表現として仏の御名というものが出てくるのです。故に我々は仏を信じその御名を唱うることによって救われるのです。仏を観ずるなど云うのではありませぬ。観ずることのできないものだからただの名号を唱えるのである。場所論理というものが少しも分って居ない。どうか君は君の考で進んでもらいたい。あの人はいくら云うても分る人でない。あの人に分らそうというのは徒労だ。しまいに興奮し出すのみです。相手になること無用です。聖道門浄土門というのもただ概念的にのみ考えて居る。実は大拙のいう如く一つになる所がある。君は大拙と話し玉え。

昭和二十(一九四五)年

312　2月16日　上田操　鎌倉より　[長女弥生の死]

ただ今端書をさし上げました後にすぐ御手紙を拝見いたしました。弥生病気死去の状を審《つまびらか》にいたしました。誠に哀れなことでした。尊兄にもいかばかりにお悲の事と深く御同情申上げます。全く近来色々の心痛な事情が相続いて起り心身を疲労せし結果かとも存じます。それにしても御手紙の様にいろいろの手をお尽し下され、私としては何の遺憾も御座いませぬ。本当に難有存じます。誠に誠に天命とあきらめる外ありませぬ。前のハガキにも申上げました如く近年は特に親切に厚き孝養を尽しくれ子供の中にて一番にかけ替のない子とたよりにいたし居りましたのに突然にこういうことになり何とも云い様のない淋しさを感じて居ります。思い出す毎に胸迫り涙を催します。

313　2月25日　西田外彦　〔封筒欠〕　[子に先立たれた老人の悲哀]

弥生の事は何としても思い出され無限の淋しさと深き悲哀に沈んで居ります。私も七人の子供をもちましたがもはや四人は私に先立って逝き、あと三人になりました。幽子の死にはじめて子を失いし悲哀を味い、弥生の死に子に先立たれし老人の悲哀を知りました。どうか残る三人相親み相助け共に美しき情愛の生涯を送って下さい。私はもう年老いて何もできませぬ。また何時死んでもよい。ただ、私でなければならぬとおもう仕事が多く残り居りこれだけはできるだけして置いて後世にのこしたいとおもい居ります。

314　3月11日　高山岩男　鎌倉より　［精神的自信を失ってはならない］

私はこの際実に心配いたし居ります。ここには実に大決心をせねばならぬ時ではないかと存じます。このままに引きずられて行って足腰も立たない様になっては民族生命もだめになってしまわないかと存じます。何としても我々民族がどうあってもこの際精神的自信を失う様なことがあってはならないと存じます。力でやられても何処までも道義的に文化的に我国体の歴史的世界性、世界史的世界形成性の立場だけの自信を失わず、固くこの立場を把握して将来の民族発展の自信を持たす様にせねばならぬと思います。

先日例のK君がこちらへ来訪せられました故この事を論じ同君も全く同意見でしたが、同君もどうも何ともできない様なので。私はどうもこの外に将来の途はない様に思いますが。

そこで私は君方に一言したいの〔で〕すが、君方は一つこの出立点となる深大なる思想学問の根拠を作らねばならぬと云うことです。私はK君の問に〔対〕して断じて日本人に可能だと云って置きました。ただ力にのみ依頼して居ればきっとだめになります。この事は高坂、木村、西谷、鈴木等諸君に御伝え置き下さい。

315　3月11日　鈴木大拙　鎌倉より

〔矛盾的自己同一の論理と即非の論理〕

私は今宗教のこと[70]をかいています。大体従来の対象論理の見方では宗教というものは考えられず、私の矛盾的自己同一の論理即ち即非の論理[71]でなければならないと云うことを明にしたいと思うのです。私は即非の般若的立場から人《にん》というもの即ち人格を出したいとおもうのです。そしてそれを現実の歴史的世界と結合したいと思うのです。ただ今雑誌に出すことができず誠に困ります。まだ半分位ですができましたら原稿かCopyかで御覧に入れたいと存じ居ります。君の「日本的霊性」は実に教〔え〕られます(無念即全心は面白い)。私は論理と結合するため自己の存在を主語的方向からとか述語的方向からとか云って一寸普通に分りにくいかも知れませぬが、これは説明すれば何でもありませぬ。主語的とか述語的とか時間空間というのはどうも論理を弄する様ですが、これらとの関係を明にして置かないとどうも学者を一言も云わさ〔な〕い様に説服することはできませぬ。

316　3月14日　長与善郎　鎌倉より　〔国家の根底は道徳と文化〕

我国の現状については一々尊兄の御手紙と御同感、実に実に憤慨の至りに堪えませぬ。不幸にして私共の予見していた通りになりました。田舎者共の世界みずの驕慢無暴の自業自得の外ありませぬ。而も今日に至りてなお総理以下空虚な信念を号呼して居るに過ぎないでありませぬか。こんな風にして国民が引ずり引ずられてどん底に陥入れられて国民が全く自信を失ってしまう様ではもはや再起の途もなくなりはせないかと恐れるのです。私は国体を武力と結びつけ民族的自信を武力に置くというのが根本的誤ではないかと思うのです。古来武力のみにて栄えた国はありませぬ。武力はすぐ行づまります。永遠に栄える国は立派な道徳と文化とが根柢とならねばなりませぬ。我国民今や実にこの根柢から大転換をやらねばならぬ時ではないでしょうか。外交も何もかも無視した武力一片〔ママ〕に国民を指導してさて武力がだめになった時国民は何処に自信の根柢を有ち得るであろうか。自信を失った国民こそ実に亡国の民です。縦《よ》し国家が一寸武力的に衰えても高い大きな立場において国民が自尊心を有つならば必ずまた大に再起するでしょう。私は日本国民は相当優秀な国民と信じます。ただ指導者がだめであった。残念の至りです。そして学者も文学者も深く考う所なくただこれに便乗追従するにすぎませぬでした。私は今日程国家の思想貧弱を嘆じたことはありませぬ。

私ももう老年、もう何年生きのびるか分りませぬ、特に今日の如き生活状態にては。何とか若い人々の奮起をいのります。東京の事(72)、実に悲惨酸鼻の至りに不堪。

317　3月18日　**鈴木大拙**　鎌倉より〔はがき〕　[般若即非の論理]

私の論理からそういうことも出そうですがまだまだ。終にでも一寸そんなことにも触れて見たいとも思いますが。とにかく般若即非の論理というのは面白いとおもいます。あれを西洋論理に対抗する様に論理的に作り上げねばなりませぬ。そうでないと東洋思想と云っても非科学的など云われて世界的発展の力を持てない。

318　3月23日　**島谷俊三**　〔転載〕　[「場所的論理と宗教的世界観」]

お手紙拝見いたしました。『思想』もどうも出すことがむずかしいとおもいます。係のものはやる様努力するとは云いますがダメでしょう。澤瀉君の話に弘文堂も中々手が足らずダメらしいです。私は何か謄写版の如きものにして多少の部数を作ることでもできないかと思うのですが。私は今一つ『場所的論理と宗教的世界観』というものを書いて居るのです。四月一杯かかると思います。これも小生最後の考(宗教観)をかいたもので諸君に見てもらいたいと思うのですが、とても印刷の方法もないかと存じます。謄写版と云ってもこの頃は中々むずかしいそうですが、京大などで何とか方法なきものか、一つ高山君位に聞いて見ましょう。

私ももう老年になり何時とも分りませぬが、この頃になりて思想が熟したとでも云うべきか色々の考が浮んで来ます。そして従来解決のできなかったいろいろの問題が、私の立場から解決できる様に思うのですが、今日の如き状態にて誠に残念です。しかしできるだけ書き残して置きたいと思います。生前にむずかしくても、どうか諸君によって後に整理出版せられんことを望みます。私は実に決死の覚悟を以てペンを取っています。

319　5月7日　山内得立　鎌倉より　〔信州への疎開〕

この辺は毎日敵の飛行機がブンブン云って通り行きます。先達川崎横浜辺を爆撃せし時など茅山《かやま》の後が真赤でした。それに相模湾の艦砲射撃上陸などの噂もあり、にげて行く人も多い様です。切《しき》りに信州辺へ疎開をすすめる人もあるが、もう女中もにげ帰り老人二人にて他に行って中々不自由なるべく信州の冬も凌ぎ難きかとも思いその気にもなれませぬ。万事天に任せて居ります。

320　5月11日　鈴木大拙　鎌倉より　［仏教には哲学的に勝れた点がある］

ヒットラーも悲惨な末後を遂げた。無理が通れば道理が引込むという諺もあるが無理はやはり遂には通らぬものらしい。今の人は力信仰の全体主義が新し〔い〕行方のようにいうが、逆にそれは旧思想で最早時代錯誤であり、新らしい方向は却ってその逆の方向に即ち世界主義的方向にあって、世界は不知不識その方向に歩んで居るのではなかろうか。

君の宗教論を拝見した、色々教えを受けた、同感する所多い。私はキリスト教に対して、仏教を哲学的に勝れた点があり却って将来に貢献するものもの〔ママ〕あるでないかと思う。キリスト教は論理的に主語的論理、対象論理だという。神を対象的方向の極に見て居るのである。絶対矛盾的自己同一の論理は一面般若即非の論理〔で〕あると共に、一面にその自己限定として、即ち一と多との矛盾的自己同一、空間時間の自己同一、絶対現在の自己限定として、唯一なるもの即ち個が出て来るとおもう。全心即仏全仏即人である。何とかして印刷にしてから御覧に入れたいと思っている。君のものも早く印刷にできるとよいが。

321　5月20日　布川角左衛門　鎌倉より

［「生命」と「場所的論理と宗教的世界観」の印刷］

生命と宗教論のパンフレットは、なるべく早く、できるものから一冊ヅツお願申上げます。いずれ後に第七論文集に入れるもの故一冊毎に、出るに従って第七論文集分冊と隅に小さく名づけていかが。

322　5月20日　田辺元　鎌倉より

［敗戦を目の前にして］

久しぶりにて御手紙拝見いたしました。御議論、御高見、憂国の御精神、敬服の至りに存じます。及ばずながら私共も今日いろいろの意味において、皇室がお出ましになる外ないかと存じ居ります。先に近衛公その他にもそんな事を話したこともあります。しかしそれには先見の明があり強固な意志と実行力のある輔佐の偉人がなければならないと存じます。近衛公など余程聡明の人とは存じますが、まだ何だか少し囚われて居る様に思われる所もあり。それにあの人はそれだけの力量のある人なのでしょうか。宮様も大変御聡明の方であり憂国の情に富ませられる御方と承り居ります。宮中の御関係など我々に分りませぬ、何事も実行ということにはなお一方の勢力というものがなお中々むつかしいのではないでしょうか。原田君なども、お話しの宮様へは多少連絡もあるのかと存じますが、先達てより憲兵の取調べを受けて居り、一時近衛君などの方も皆心配いたしました。近衛君なども一派のものから狙われ居り邪魔せられ自由ならぬ所あるのではないでしょうか。

現実は否応なしに漸々押し進めて行く様です。この頃大分分って居る人もあると存じますが、そういう人に力なく実行実行と云って居る人は実に分らない、中学生位の頭しかありませぬ。人格者があっても政治家はありませぬ。我国の政治家は実に思想貧弱と存じます。

いつか御相談申上げました御教育の人の件も私の意見は採用せられず他の人になりました。すみませぬでした。

御叱りを受けることと存じますが何事にも意気地なくお恥しい次第です。老耄《ろうぼう》何の役にも立ちませぬ。何卒若い人々の御奮闘をいのります。

注　解

藤田正勝

第一部　学びの時期

(1) **六出花**　雪のこと。その結晶が六弁の花の形に似ているのでこのように言う。

(2) **ショ氏**　ショーペンハウアー(Arthur Schopenhauer, 1788–1860)。厭世的な思想で知られる。

(3) **責而者草**　江戸期の儒者・渋井徳章が偉人の言行を集めたもので、四十巻からなる(四十二巻本もある)。一九一七年に国史研究会から堀田璋左右、川上多助の編集により『日本偉人言行資料』として刊行された。

(4) **丈夫玉砕恥瓦全**　丈夫玉砕、瓦全《がぜん》を恥ず。立派な人物は、大事のためであれば砕け散ることも厭わないが、逆に何もなしとげないまま、ただ長らえることを恥じるという意。中国唐の時代の歴史書『北斉書』に由来する表現。西郷隆盛の「偶成」と題した詩にもこの言葉が見える。

(5) **棒喝**　禅宗で、修行者を導くために棒で打ったり、大声で叱咤したりすること。

(6) **臥龍山**　金沢の卯《う》辰《たつ》山《やま》のこと。西田の禅の師・雪門玄松はそこに設けた洗心庵で居士の錬成に意を注いでいた。

(7) **無字** 禅の公案集『無門関』で第一則として掲げられている「趙州狗子《じょうしゅうくし》(無字)」の公案のこと。「狗子(犬)にも仏性があるのかないのか」がその主題。

(8) **隻手** 江戸時代の禅僧・白隠(一六八五―一七六八)が創案した公案「隻手音声《せきしゅおんじょう》」のこと。修行者は公案修行において「両掌《りょうしょう》(両手)打って音声あり、隻手(片手)に何の音声かある」と問われる。

(9) **参玄** 仏道修行のこと。

(10) **大兄の著** 藤岡作太郎『近世絵画史』(金港堂書籍、一九〇三年)を指す。

(11) **リュブケ** リュプケ(Wilhelm Lübke, 1826–1893)の『芸術史概説』(Grundriss der Kunstgeschichte, 1864)などの仕事を指す。

(12) **アレキサンダー氏の倫理学** サミュエル・アレクサンダー(Samuel Alexander, 1859–1938)の"Moral order and progress: an analysis of ethical conceptions"(1889).

(13) **大西氏の倫理学** 大西祝『大西博士全集』第二巻『倫理学』(警醒社書店、一九〇三年)。

(14) **原稿** 第四高等学校の生徒たちが西田の講義ノートを借り、印刷した「実在論」を指す。

(15) **先度送つた者** 第四高等学校の生徒たちが印刷した「実在論」「倫理学」を指すと考えられる。

(16) **佐々木氏の文** 『精神界』一九〇八(明治四十一)年十一月号に発表された佐々木月樵の「愛子を失ひたる人に与ふるの書」を指す。

(17) **frisson とか azure psychology** ともに『異国情趣と回顧』に収められたラフカディオ・ハ

ーンの作品。

第二部　西田哲学の構築

(1) **桑木氏**　桑木厳翼は一九〇六(明治三十九)年の京都大学文科大学の開設以来、哲学講座の教授を務めていた。このあと一九一四(大正三)年にケーベル退任の後を承けて東京大学に転出する。

(2) **友枝氏**　友枝高彦は一九〇八(明治四十一)年に京大助教授となり、倫理学を担当した。一九一〇年から一九一四年まで欧米に留学した。言わばその「留守居」として西田は京大に赴任した。

(3) **在洞の諸兄**　清沢満之が作った信仰共同体「浩々洞」に集っていた人々のこと。本書簡の最後に名前が挙がっている多田鼎、暁烏敏、木場了本らを指す。一高の数学教授であり、俳人であった数藤斧三郎(五城)は浩々洞の一員ではなかったが、彼らと親しく接していた。

(4) **拙著に対する批評**　高橋里美が一九一二(明治四十五)年に『哲学雑誌』第三〇三・三〇四号に発表した「意識現象の事実と其意味――西田氏著「善の研究」を読む(一)」と「同(二)」を指す。

(5) **小生の答**　『哲学雑誌』第三〇八号に発表した「高橋(里美)文学士の拙著『善の研究』に対する批評に答ふ」(『西田幾多郎全集』第一巻所収)を指す。

(6) **三々塾**　西田は一八九九(明治三十二)年に第四高等学校に教授として赴任した翌年、同僚の堀維孝や三竹欽五郎らとともにこの三々塾という生徒たちの共同生活の場を作り、指導にあたった。明治三十三年に作られたので、その名が付けられた。

(7) **医王山** 石川県と富山県の境にある山。標高九三九メートル。

(8) **西南派** 十九世紀後半から二十世紀前半にかけてドイツ哲学の主流となった新カント学派は、コーヘンやナトルプらのマールブルク学派と、ヴィンデルバントやリッケルトらの西南ドイツ(バーデン)学派に分かれるが、後者を指す。

(9) **御論文** 田辺元が『哲学雑誌』第三二四・三二五号に発表した「認識論に於ける論理主義の限界――マールブルヒ派とフライブルヒ派の批評」のこと。

(10) **哲学雑誌へ…候もの** 『哲学雑誌』第三三七・三三八号に発表された田辺元の論文「自然数論」。

(11) **「禅の立場から」「禅の第一義」** 鈴木大拙『禅の立場から』(光融館、一九一六年)、『禅の第一義』(丙午出版社、一九一四年)。

(12) **我生きる…我にあつて生く** 「ガラテヤ人への手紙」(第二章第二十節)にある言葉。

(13) **懸厓に…蘇生する** 白隠禅師の弟子・古郡兼通《ふるごおりけんつう》の偈《げ》、「万仭《ばんじん》の崖頭から手を撒する時、……再び蘇生し」を踏まえる。二三二番の木村素衛宛書簡を参照。

(14) **芸文の御論文** 西田の依頼により田辺元が『哲学研究』第二号に発表した論文「普遍に就いて」を指すと考えられる。『芸文』は京都大学文科大学の教員を中心に結成された京都文学会の機関誌(一九一〇年に創刊)である。『哲学研究』が創刊されるまでは西田はここに多くの論文を発表していた。この雑誌と混同されたものと推測される。

(15) **負数及び虚数の御論文**　『哲学雑誌』第三五八号(一九一六年)に発表した「負数及び虚数(上)」、および第三五九号(一九一七年)に発表した「負数及び虚数(下)」を指す。

(16) **御論文**　『哲学雑誌』第三五九号に発表された「負数及び虚数(下)」のことであると考えられる。

(17) **中川**　西田の初期の弟子の一人、山内得立のこと。

(18) **御論文**　このあと「数理哲学研究」という題のもと学位請求論文として京都大学に提出された論文を指す。西田がその審査の主査を務めた。一九一八年六月十九日付の書簡(本書には収録していない)で西田は「御論文本日教授会を pass いたし確定いたし候」と書き送っている。翌月八日に田辺は文学博士の学位を授与された。

(19) **先日**　三木清はこの年に第一高等学校を卒業。兵庫県揖保郡の実家に帰る途中、はじめて西田を訪ねた。西田の六月二十六日の日記に「夜三木清来る」という記述がある。

(20) **東北の文科**　これまで田辺は東北大学の理科大学で科学概論を担当していたが、この頃から法文学部開設の話が出ていたようである(実際の開設は一九二二年八月)。

(21) **波多野君**　波多野精一は一九一七年に早稲田大学を辞し、京都大学に赴任して宗教学の講座を担当していた。

(22) **丙丁童子に附せられたし**　丙丁は陰陽五行で「火」のこと。つまり「火に投じて処分してほしい」ということ。禅の公案集『碧巌録』や道元の『正法眼蔵』に「丙丁童子来たって火を求む」という表現が見える。

(23) **御論文**　久松真一が『哲学研究』第四六号に発表した論文「神と創造」を指す。

(24) **仙寿院**　京都・妙心寺の境域外塔頭。西田がかつて妙心寺で参禅中に知りあった植村宗源(宝林)がその住職を務めていた。

(25) **Nordsee の詩**　ハインリヒ・ハイネの『旅の絵(Reisebilder)』の第一部(一八二六年)に「北海」の第一集が、その第二部(一八二七年)に「北海」第二集・第三集が収められている。

(26) **商大**　山内得立は留学から帰ってのち、一九二四年に東京商科大学予科講師となり、翌年東京商科大学教授となった。

(27) **涙を以て…神を知らず**　『ヴィルヘルム・マイスターの修業時代』に出てくる竪琴弾きの老人が詠う歌のなかにこの一節がある。

(28) **自助伝(Self-Help)**　サミュエル・スマイルズ(Samuel Smiles, 1812-1904)の Self-help(1859)。中村正直が翻訳し、一八七〇年に『西国立志編 原名自助論』として出版された。

(29) **アインシタイン**　改造社の招きでアインシュタイン招聘の話が進んでいた。改造社社長の山本実彦に招聘を勧めたのは西田であった。石原純や桑木彧雄(厳翼の弟)らの世話で東京、仙台、名古屋、京都、大阪、神戸、福岡でアインシュタインの講演が行われた。

(30) **今日の如き状態**　ギリシアは一九一九年から始まったトルコとの戦争(希土戦争)で敗北した。

(31) **Einstein 氏**　十一月に来日したが、ちょうどマルセーユからの船旅の途中でノーベル物理学賞授与の報がもたらされたこともあり、日本で熱狂的に迎えられた。十二月十四日には京都大学で「いかにして私は相対性理論を創ったか」という題で講演を行った(この題は西田の希望による)。

(32) **少しばかりかいたが**　この年の八月に「ケーベル先生の追懐」という題で『思想』第二三号に発表された。

(33) **「十牛図」**　釋宗演『十牛図講話』(光融館、一九一二年)。

(34) **無尽燈論**　江戸時代の臨済宗の僧・東嶺円慈の『宗門無尽燈論』。

(35) **何年か後の講座**　和辻は文学部に文化史の講座が新設されることを希望していたようである。

(36) **ハイデッガーの考**　『思想』第三六号に発表した田辺の論文「現象学に於ける新しき転向」を指す。

(37) **御批評**　『アララギ』の十月号に発表された田辺の「『歌道小見』を読む」のこと。『歌道小見』(岩波書店、一九二四年)はアララギ派の代表的な歌人である島木赤彦の歌論。島木はすぐに「田辺元氏の「歌道小見を読む」について」を執筆している。

(38) **渓谷の如き地**　田辺は静養のために湯河原温泉を訪れていた。

(39) **障礙**　フィヒテが『全知識学の基礎』(一七九四・九五年)において用いた概念。フィヒテによれば、自我の本性は表象作用にあるが、それは、自我の能動性がこの障礙(Anstoß)に出会って反転させられることによって生まれる。

(40) **三木の事**　西田は三木清の力を高く評価し、京大に採用したいと考えていたが、三木のプライベートなことが原因となり、うまくいかなかった。

(41) **この論文**　『哲学研究』第一二三号に発表された論文「場所」を指す。

(42) **静**　病弱であった三女静子が静養のため、田辺元の鎌倉の実家（神奈川県鎌倉町乱橋材木座）で世話になることになっていた。

(43) **御批評**　左右田喜一郎が『哲学研究』第一二七号に発表した「西田哲学の方法に就いて――西田博士の教を乞ふ」を指す。

(44) **「日本支那現代思想研究」**　土田杏村は一九二七年にイギリスの出版社から *Contemporary thought of Japan and China* を出版した。その原稿執筆後、邦語版『日本支那現代思想研究』（第一書房）を作成し、英語版の前年に出版した。この書簡はその寄贈を受けて返礼として書かれたものである。この著作のなかで土田は西田の哲学についても論じている。

(45) **御手紙**　ドイツに留学し、フライブルク大学でフッサールのもとで学んでいた務台理作の手紙。

(46) **小学校に御在勤**　唐木順三はこの年の三月に京大文学部を卒業、長野県諏訪郡上諏訪高島実業補習学校の教員となっていた。

(47) **新設講座**　この年の十月から哲学哲学史第五講座（西洋古代中世哲学史）が新設されることになり、西田がそちらに移って、哲学哲学史第一講座の教授のポストを田辺に譲った。西田の退職後、一九三一年に山内得立がこの第五講座の教授となった。

第三部　思索のさらなる展開

(1)　**台湾**　務台理作は台湾総督府高等学校教授として二年間の在外研究を終えたあと、一九二八年三月に帰国、四月から台北帝国大学文政学部教授として勤務していた。

(2)　**戸籍面**　西田は一八七〇年生まれであるが、戸籍上の生年月日は一八六八年八月十日となっている。小学校を出たあと、石川県師範学校に入学したが、そのとき年齢が足りなかったため、役所に影響力をもっていた父得登《やすのり》が戸籍に手を加えさせたと言われている。

(3)　**プロチンの解釈**　久松真一は『岩波講座　世界思潮』第五冊(一九二九年)に「プロティノス」という論文を発表している。

(4)　**propos sur le Temps**　九鬼はヨーロッパ留学の最後の年、一九二八年にブルゴーニュ地方のポンティニーで「時間の観念と東洋における時間の反復」と「日本芸術における「無限」の表現」という二つの講演を行い、それをパリのフィリップ・ルヌアール社から *Propos sur le temps* という題で出版していた。

(5)　**別紙の歌をお直し下さい**　西田は国文学・漢文学の教師であった旧友・堀維孝にしばしば自作の短歌や漢詩の添削を依頼していた。

(6)　**私の論文**　一月に『哲学研究』第一五四号に発表した「直覚的知識」。

(7)　**寸心**　寸心は禅の師である雪門玄松から与えられた居士号である。西田はそれをそのまま書号にし、揮毫するときこの名を記した。杜甫の詩「偶題」の一節「文章千古事、得失寸心知」から取られたものと言われている。

(8)　**「赤彦遺言」**　藤沢古実編『赤彦遺言』(鉄塔書院、一九二九年)。一九二五年二月六日付けの

西田宛書簡に島木赤彦は「亡《な》きがらを一夜《ひとよ》抱《いだ》きて寝しこともなほ飽き足らず永久《とは》に思はむ」という歌を記している。

(9) **Parerga und Paralipomena**　西田は東京大学で学んでいたとき、ラファエル・ケーベルの哲学演習でショーペンハウアーの *Parerga und Paralipomena* を読んだ。そのときの印象が長く残っていたのであろう。

(10) **モンテーン**　モンテーニュ『エセー』第三巻第五章「ウェルギリウスの詩句について」からの引用。

(11) **Ulrike v. Levetzow**　ウルリケ・フォン・レーヴェツォフ(1804–1899)は、チェコの貴族の娘。ゲーテはマリーエンバートの湯治場で出会ったこの十七歳の少女に最後の恋をしたと言われている。

(12) **今度出した書物**　『一般者の自覚的体系』(岩波書店、一九三〇年)。

(13) **フィヒテの訳**　フィヒテ『全知識学の基礎 其他』(木村素衞訳、岩波書店、一九三一年)。

(14) **三木**　三木清は一九三〇年五月に、当時非合法状態に置かれていた日本共産党への資金援助容疑で検挙された。

(15) **田辺君の論文**　田辺元が『哲学研究』第一七〇号に発表した「西田先生の教を仰ぐ」を指す。ここで田辺は西田の哲学に対する非常に厳しい批判を行った。

(16) **御論文**　本多謙三が『理想』七月号に発表した論文「自然弁証法とその論理――ルーダスの所説について」を指すと考えられる。本多は翌月『経済往来』に「新興階級の哲学」という論文を発表している。

(17) **友**　四女の友子はこの年の五月に鈴木大拙の媒酌により画家の小林全鼎と結婚した。

(18) **先日よりかいたもの**　『思想』第一〇五・一〇六号に発表された「私の絶対無の自覚的限定といふもの」。

(19) **ヘーゲルの記念論文集**　近藤俊二編、国際ヘーゲル聯盟日本版『百年忌記念 ヘーゲルとヘーゲル主義』(岩波書店、一九三一年)。西田はここに「私の立場から見たヘーゲルの弁証法」を発表。

(20) **「愛」と見る考**　『哲学研究』第一八四号に発表した「永遠の今の自己限定」において、具体的には『西田幾多郎全集』第五巻一五五頁以下のところで西田は「愛」について論じている。

(21) **両大学**　台北帝国大学と東京文理科大学。務台は一九三二年から両大学の教授を兼任することになった。

(22) **私の事**　岩波茂雄の世話により女子英学塾(津田塾)で英語を教えていた山田琴との再婚の話が進められていた。このあと、七月二十九日には同塾で哲学を教えていた中桐確太郎と岩波茂雄の仲介で山田と会う予定にしていたが、このときは山田の病気のために会うことができなかった。

(23) **社会学の演習**　一九二五年に社会学の米田庄太郎が退職したため、西田は社会学の演習も担当し、マックス・ウェーバーの論文集を読んだ。一九二七年にはヘーゲルの『法哲学』を読んでいる。

(24) **「一打の鑿」**　『精神科学』昭和七年第一巻に発表された木村の論文「一打の鑿――制作作用

に関する一つの覚書」を指す。この論文は推敲が加えられ「一打の鑿――制作作用の弁証法」と題を改めて『表現愛』（岩波書店、一九三九年）に収められた。

(25) **棒頭有眼** 『碧巌録』第七十五則「烏臼《うきゅう》、法道を問う」に「棒頭に眼有り、草草に人を打つなかれ（棒の先には眼がついています。軽々にそれで人を打ってはいけません）」とある。

(26) **「自然科学とイデオロギー」** 社会学研究会編『文化社会学研究叢書』第二『知識社会学』（同文館、一九三二年）に収められた戸坂の論文。

(27) **君の批評** 『経済往来』九月号に発表した戸坂の論文「京都学派の哲学」を指す。

(28) **「生の哲学について」** 『理想』第三四号に発表した西田の論文「生の哲学について」のこと。

(29) **精神文化** 第一次世界大戦以後、自由主義的な、あるいは社会主義的な思想が学生や教育界に大きな広がりを見せていたが、政府はそれを統制・抑圧するために一九三一年に文部省に「学生思想問題調査委員会」を置いた。この委員会の答申を受けてその翌年に、そのような思潮の広がりを防ぐために設置されたのが「国民精神文化研究所」である。

(30) **悪宣伝** 蓑田胸喜が一九二九年に原理日本社の機関誌『原理日本』に発表した「瀧川幸辰教授の責任を問ふ――京都帝国大学赤化の内部光景」などを指す。

(31) **学士院の会** 西田は一九二七年に帝国学士院の会員になった。

(32) **終末論と歴史哲学** 熊野義孝『終末論と歴史哲学』（新生堂、一九三三年）。

(33) **近世数学史** 『新修輓近高等数学講座』2、高木貞治『近世数学史談』（共立社、一九三三年）。

(34) **哲研の拙文** 『哲学研究』第二一九号・二二〇号・二二一号に三回に分けて発表した「弁証

法的一般者としての世界」。

(35) **文化論**　『文学』第二巻第九号に発表した「形而上学的立場から見た東西古代の文化形態」。

(36) **平常不断の心即道**　たとえば『無門関』第十九則などに「平常心是れ道」という表現が見える。

(37) **信州哲学会の事**　西田は一九二〇年に作られた信濃哲学会の会員のために一九二三年から一九三七年にかけて八回にわたって信州ないし京都で講演をした。

(38) **御高著**　熊野義孝『キリスト論の根本問題』(基督教思想叢書刊行会、一九三四年)。

(39) **御研究**　外彦はこのころ硬ガンマ線などに関する研究を行っていた。"On Hard Gamma-Rays from Ra(C+C′+C″+D)," *Physical Review* 51, 996(1937)などを発表している。

(40) **コルパスクル**　粒子ないし微粒子(corpuscle)。

(41) **御著書**　戸坂潤『日本イデオロギー論』(白揚社、一九三五年)。そこに収められた「偽装した近代的観念論」や「「無の論理」は論理であるか」などで戸坂は西田哲学を批判した。

(42) **「思想」十月号**　下村寅太郎はこの『思想』第一六一号に「近世科学の論理」を発表した。

(43) **教学刷新**　教学刷新評議会は一九三五年十一月に文部大臣の諮問機関として設置が決定された。「国体」の観念と「日本精神」とが教学の根幹であることを明らかにし、それに基づいて従来の「外来思想ノ浸潤」を受けた教学を「刷新」する方策について議論することを目的としていた。

(44) **田辺君の論文**　田辺元が『哲学研究』第二三五・二三六・二三七号に発表した「種の論理と

世界図式」。第二三七号はこの時点ではまだ刊行されていなかった。

(45) **御著書**　務台理作『ヘーゲル研究』(弘文堂書房、一九三五年)。

(46) **エチオピヤの問題**　一九三五年十月にイタリアはエチオピアに侵攻し、東アフリカ帝国を樹立した。この事件との関わりからこの書簡は十月以降に書かれたと推定される。

(47) **私の途を進み行くの外ない**　西田は一九三四年に「人は人吾は吾なりとにかくに吾行く道を吾は行くなり」という歌を作っている。上田薫編『西田幾多郎歌集』(岩波文庫、二〇〇九年)四六頁。

(48) **君の論文**　下村が『思想』第一六四号に発表した「弁証法的世界の数学的形態——西田哲学の科学哲学への一寄与」。

(49) **Eichrodt と Cripps**　西田の蔵書にはアイヒロート(Walther Eichrodt)の『旧約の神学』がある。同じく旧約聖書学者のクリプス(Richard S. Cripps)の著作は西田の蔵書にはない。

(50) **御論文**　『哲学研究』第二四八号(一九三六年十一月)に発表される「歴史的基体」、『思想』第一七四・一七五号(一九三六年十一・十二月)に発表される「歴史的世界」を指す。

(51) **慧玄の這裏に生死なし**　京都妙心寺の開山・関山慧玄禅師(一二七七―一三六〇)の言葉。『正法山六祖伝』に見える。

第四部　時代の流れのなかで

(1) **論文**　高坂正顕は一九四〇年に「歴史的世界――現象学的試論」により博士の学位を得ている。

(2) **尊兄の倫理学**　和辻哲郎から献呈された『倫理学』上巻(岩波書店、一九三七年)を指す。

(3) **同内閣**　近衛文麿は一九三七年六月に第三十四代内閣総理大臣に任命された。このいわゆる第一次近衛内閣は一九三九年一月まで続いた。

(4) **文教審議会**　西田も加わっていた教学刷新評議会が廃止され、一九三七年五月に内閣の諮問機関として文教審議会が設置された。その年の十二月にこの文教審議会も廃止され、そのあと教育審議会が設置された。

(5) **御論文**　務台理作が一九三七年に東京文理科大学哲学会編『哲学論叢』に発表した「社会存在論に於ける世界構造の問題」。

(6) **昨秋のもの**　田辺元が『哲学研究』第二四七・二四八・二四九号に発表した論文「論理の社会存在論的構造」。

(7) **演説**　近衛文麿は九月十一日、日比谷公会堂で「帝国の決意と国民の覚悟」と題した演説を行った。

(8) **九日の晩**　十月九日、西田は日比谷公会堂で開催された日本諸学振興委員会哲学公開講演会で「学問的方法」という題で講演を行った。その内容は一九三八年二月に刊行された文部省教学局編纂『教学叢書』第二輯に発表された。

(9) **田辺君の論文**　田辺元が『哲学研究』第二五九・二六〇・二六一号に発表した論文「種の論

理の意味を明にす」。第二五九号がこの年の十月に刊行された。

(10) **参与**　一九三七年七月に文部省の思想局が廃止され、「国体ノ本義ニ基ク教学ノ刷新振興ニ関スル事務ヲ掌ル」部局として教学局が作られた。十二月には二十名ほどの参与が任命された。

(11) **批評**　先に挙げた田辺の論文「種の論理の意味を明にす」を指す。

(12) **論文**　三宅剛一が『哲学研究』第二六二号に発表した「デカルトにおける延長」。

(13) **天野君に関する記事**　天野貞祐はこのとき京大文学部の倫理学講座の教授を務めるとともに、浜田耕作総長の強い要請を受け、学生課長をも兼務していた。天野は一九三七年に『道理の感覚』(岩波書店)を出版したが、そのなかで軍事教練が中等教育と相容れないことを主張した。それが軍部などから問題にされた。結局、天野がこの本を自主的に絶版にすることでこの事件は決着を見た。

(14) **先日の講演**　学生課長であった天野貞祐の発案で、京大で初めての全学規模での公開講座(学生課主催の「日本文化講義」)が一九三八年から行われるようになった。その第一回目として西田が「日本文化の問題」という題で三回の連続講演を行った。

(15) **帝国新聞**　帝国新報。蓑田胸喜とその追随者たちは『原理日本』と並んで『帝国新報』でも自由主義的な思想家らを激しく攻撃していた。

(16) **下村君のライプニッツ**　下村寅太郎『ライプニッツ』(弘文堂、一九三八年)。

(17) **私の論文**　『思想』の八月号・九月号に発表された西田の論文「歴史的世界に於ての個物の立場」を指す。この論文は当初「読み直されたるモナドロジー」と題されていた。

(18) **御論文**　三宅剛一が『文化』第五巻第一一号に発表した「近代科学の系譜」。

(19) **「西田哲学に…の発展」**　柳田謙十郎はこの年の十二月に『実践哲学としての西田哲学』(弘文堂書房)を出版している。それを指すと考えられる。

(20) **「身体と精神」**　理想社出版部から刊行された『人間学講座』第五巻『人間の諸問題』(一九三九年)所収の木村素衛の論文「身体と精神」。

(21) **田辺君のあの道元論**　田辺元『正法眼蔵の哲学私観』(岩波書店、一九三九年)。

(22) **六祖**　中国禅宗の第六祖、慧能《えのう》のこと。

(23) **御令室様**　鈴木大拙の夫人ビアトリスは悪性腫瘍のため病床にあった。七月十六日に逝去、葬儀は京都の東寺で営まれた。

(24) **「社会存在論」**　務台理作『社会存在論』(弘文堂書房、一九三九年)。

(25) **今度出す本**　十一月に『哲学論文集 第三』を岩波書店から刊行。

(26) **身心脱落々々身心**　『永平寺三祖行業記』に、道元は天童山の如浄禅師のもとで修行していたとき、この「身心脱落」という言葉を聞いて大悟したとある。

(27) **驢覰井、々覰驢**　驢《ろ》〔ロバ〕が井を見、井が驢を見る。公案集『従容録』の第五十二則「曹山法身」にある表現。

(28) **「表現愛」**　木村素衛『表現愛』(岩波書店、一九三九年)。

(29) **蘇東坡の詩**　中国宋代の代表的な詩人・書家である蘇東坡(蘇軾《そしょく》)の詩「観潮」に「廬山は烟雨、浙江は潮。未だ到らざれば、千般〔長いあいだ〕恨みを消せず。到りえて還り来たれば、別事なし。廬山の烟雨、浙江の潮」という一節がある。

(30)　**訳すのはむつかしからん**　このとき木村素衞はロベルト・シンチンガーや中島一郎らとともに西田の論文「叡智的世界」をドイツ語に翻訳していた。本書簡は、この論文のなかに出てくる古郡兼通の偈の意味について木村が尋ねたのに対して書かれたものである。

(31)　**一月のもの**　務台理作が『思想』第二一二号に発表した「論理と日常的世界(上)」を指す。第二一三号にもその続編「論理と日常的世界(下)」が掲載された。

(32)　**御手紙之事**　山本良吉から三月七日に「創造」というテーマで対談するように依頼されたことを指す。この対談は山本宅および日本放送協会においてアルミニウム・レコードに録音された。当時は公表されなかったが、戦後NHKで放送された。

(33)　**また何時か分らぬ**　次男外彦は一九三七年に召集され、このとき名古屋付近の軍需工場に勤務していた。除隊になるのではという期待があったが、それが実現しなかったことを指す。

(34)　**津田の事**　三月八日に、「皇室の尊厳を冒瀆し、政体を変壊し又は国憲を紊乱せんとする」図書の出版を禁止した出版法第二十六条違反の容疑で津田左右吉と出版者の岩波茂雄が起訴されたことを指す。

(35)　**御論文**　『芸術論』全五巻(河出書房)のうちの第一巻『芸術哲学』(一九四〇年)に木村素衞が発表した論文「形式と理想」。

(36)　**御論文**　理想社出版部編『世界精神史講座』全八巻(理想社)のうちの第四巻『西洋精神』(一九四〇年)に発表された西谷啓治の論文「独逸神秘主義」。

(37) **文部省の会**　文部省教学局の参与会議。

(38) **「美のかたち」**　木村素衛『美のかたち』(岩波書店、一九四一年)。

(39) **二書**　鈴木大拙が七月に出版した『禅の諸問題』(大東出版社)と『仏教の核心』(顕道書院)。

(40) **今度は**　第三次近衛内閣のこと。

(41) **窮して投げ出す**　十月十六日に第三次近衛内閣が総辞職。

(42) **「一真実の世界」**　鈴木大拙『一真実の世界』(近藤書店、一九四一年)。

(43) **「本願の仏地」**　曽我量深『本願の仏地』(大東出版社、一九三三年)。西田の蔵書のなかには、この書のほか、曽我の『救済と自証』(丁子屋書店、一九二二年)、『伝承と己証』(丁子屋書店、一九三八年)があった。

(44) **御論文**　下店静市はこの年の八月に東京美術研究所編『画説』第六八号に「俯瞰法の研究」を発表している。『支那絵画史研究』(冨山房、一九四三年)に収録。

(45) **続の序文**　『哲学の根本問題　続編』「序」(『西田幾多郎全集』第六巻所収)。

(46) **今度の論文(二月号)**　『思想』第二四九号に発表した「知識の客観性について(二)(新なる知識論の地盤)」。

(47) **億劫相別…刹那不接**　億劫《おくごう》相別れて須臾《しゅゆ》も離れず、尽日《じんじつ》相接〔対〕して刹那も接〔対〕せず。花園上皇との問答のなかで大燈国師が語った言葉。『大燈国師語録』に見える。

(48) **五、六月の「思想」**　『思想』第二五二・二五三号に発表された「自覚について(前論文の基礎附け)」。

(49)　**佐藤軍務局長の要領理解**　西田に傾倒していた社会学者の田辺寿利の仲介で、西田は五月十九日に陸軍省の佐藤賢了軍務局長らと会談する機会をもった。そのときの話を西田は「世界新秩序の原理」としてまとめた。陸軍関係者の方からもう少しやさしく表現するように求められ、この「別紙」を記したと考えられる。

(50)　**私の書いたものによって書いたもの**　前項で記したように、西田は陸軍関係者から「世界新秩序の原理」をやさしく書き直すように求められたが、それ自体を書き直すことは拒否した。そのためやむを得ず田辺寿利が書き直したものが謄写刷りされ、陸軍関係者に手渡されると同時に、西田のもとにも二十部が届けられた。その一部を西田は和辻に送ったのである。

(51)　**信道の話**　鈴木大拙はこの頃、浄土真宗系の出版社・信道会館から刊行されていた雑誌『信道』に毎月寄稿していた。八月には「人間生活の妙趣——化物の説」を寄せている。

(52)　**天地正大気**　藤田東湖の「正気《せいき》の歌」(南宋の文天祥の古詩に倣った漢詩)に「天地正大の気、粋然《すいぜん》として神州に鍾《あつ》まる」という一節がある。

(53)　**姑蔵書壁土、又待漢時春**　しばらく書を壁土に蔵し、また漢時の春を待つ。秦の始皇帝の時代、その焚書の命令に抗して書物を壁に埋め、次の時代が来るのを待ったことを詠ったもの。この言葉に西田は、当時の政府による思想や言論の抑圧に対する批判を込めている。

(54)　**「宗教経験の事実」**　鈴木大拙『宗教経験の事実』(大東出版社、一九四三年)。

(55)　**二つ〔の〕論文**　『哲学論文集 第五』に収められた「知識の客観性について」と「自覚について」。

（56）**寒江垂釣**　馬遠筆と伝わる「寒江独釣《どくちょう》図」のこと。「独釣寒江雪」という表現が柳宗元の「江雪」という詩のなかにある。

（57）**直観論者でも公理論者でも**　カントールによって確立された集合論は数学理論として画期的なものであったが、しかし、それがはらむパラドックスが発見され、数学は重大な危機に陥った。そのために数学を根本からあらためて基礎づけることが求められ、数学基礎論という一つの分野が成立した。主な立場にブラウワーの直観主義、ヒルベルトの公理主義、ラッセルの論理主義があった。

（58）**物理について書きましたもの**　『思想』第二六〇号に発表した「物理の世界」。

（59）**静の事**　三女の静子の健康が回復し、仕事をしたいと言いはじめたために西田は、京大の研究室で働けないか天野貞祐や木村素衛などに依頼の手紙を送った。幸いにも植田寿蔵が美学研究室で使ってくれることが決まったことを指す。

（60）**エライ老漢〔学〕者**　西田がかつて漢学を学んだ井口濟《せい》（孟篤）のこと。

（61）**All, all are gone, the old familiar faces**　チャールズ・ラム（Charles Lamb, 1775-1834）の詩「なつかしい親しい人々（The Old Familiar Faces）」の一節。西條八十は「古い顔」と訳している。

（62）**Hausdorff**　西田の蔵書のなかにドイツの数学者ハウスドルフ（Felix Hausdorff, 1868–1942）の『集合論（Mengenlehre）』と『集合論概説（Grundzüge der Mengenlehre）』がある。

（63）**awb**　a∈b のことであろうか。

（64）**空間ということ**　西田は「空間」という論文を一九四四年に書き上げていたが、それが公にされたのは没後に出版された『哲学論文集 第六』(岩波書店、一九四五年)においてであった。

(65) **「予定調和――」** この年の六月に『思想』第二六四号に発表した「予定調和を手引として宗教哲学へ」。

(66) **御著** 務台理作『場所の論理学』(弘文堂書房、一九四四年)。

(67) **「国家と国体」** 二八七番の長田新宛の書簡にあるようにこの論文は最初「国体」という題で書かれたが、日本主義者たちの攻撃を避けるためにまず「国家と国体」と改められ、そして最終的に「哲学論文集第四補遺」という題で発表された。

(68) **言論報国** 内閣直属の情報機関である情報局の指導と監督のもとで一九四二年に設立された大日本言論報国会のこと。徳富蘇峰が会長となり、鹿子木員信が専務理事を務めた。

(69) **あの人** 田辺元のことを指す。田辺は一九四四年十月二十一日に開催された京都哲学会の公開講演会で「懺悔道――Metanoetik」という題で講演を行った。

(70) **宗教のこと** 西田の最後の完成論文となった「場所的論理と宗教的世界観」のこと。四月にはひとまず書き終えられたが、没後になってようやく公にされた。『哲学論文集 第七』(岩波書店、一九四六年)所収。

(71) **即非の論理** 鈴木大拙は一九四四年に出版した『日本的霊性』(大東出版社)第五篇「金剛経の禅」のなかで、「即非の論理」ないし「般若の論理」について語っている。

(72) **東京の事** 三月十日の東京大空襲のことを指すと考えられる。この日の空襲では、百万人以上が罹災したとも言われる。

西田幾多郎　略年譜

一八七〇(明治三)年

5月19日　加賀国河北郡森村(現、石川県かほく市森)に父得登《やすのり》、母寅三《とさ》の長男として生まれる。兄弟姉妹に、長姉正《まさ》、次姉尚《なお》、妹隅《すみ》、弟憑次郎《ひょうじろう》。

一八八三(明治一六)年　13歳

井口濟《せい》(孟篤)に漢学を学ぶ。　7月　石川県師範学校入学。　11月　尚、チフスのため死去。

一八八四(明治一七)年　14歳

10月　病気療養のため石川県師範学校中退。

一八八六(明治一九)年　16歳

北条時敬から数学の指導を受ける。　9月　石川県専門学校附属初等中学科第二級に補欠入学。鈴木貞太郎(大拙)・藤岡作太郎(東圃)・金田(山本)良吉らと出会う。

一八八八(明治二一)年　18歳

7月　第四高等中学校予科卒業。　9月　第四高等中学校第一部一年生となる。

一八九〇(明治二三)年　20歳

第四高等中学校を中途で退学。

一八九一(明治二四)年　21歳

9月　帝国大学文科大学哲学科選科に入学。

一八九四(明治二七)年　24歳

7月　帝国大学文科大学哲学科選科修了。金沢市の得田　耕《たがやす》宅に寄寓。

一八九五(明治二八)年　25歳

4月　石川県尋常中学校七尾分校主任となる。　5月　得田耕・貞《てい》の長女寿美《ことみ》と結婚。

一八九六(明治二九)年　26歳

3月　長女弥生が誕生。　4月　第四高等学校講師嘱託となる。金沢市に移る。

一八九七(明治三〇)年　27歳

9月　山口高等学校教務嘱託となる。山口県山口町に移る。

一八九八(明治三一)年　28歳

6月　長男謙生まれる。　10月　父得登、肺炎のため死去。

一八九九(明治三二)年　29歳

3月　山口高等学校教授となる。　7月　第四高等学校教授となる。　8月　金沢市に住む。　9月　雪門玄松老師に参禅。

一九〇一(明治三四)年　31歳

2月　次男外彦が誕生。　3月　雪門老師から「寸心」の居士号を受ける。

一九〇二(明治三五)年　32歳

12月　次女幽子誕生。

一九〇三(明治三六)年　33歳

7-8月　大徳寺で広州宗沢老師に参禅。

一九〇四(明治三七)年　34歳

8月　日露戦争に出征した弟憑次郎が、旅順で戦死。

一九〇五(明治三八)年　35歳

10月　三女静子誕生。

一九〇七(明治四〇)年　37歳

1月　次女幽子が死去。　5月　四女友子、五女愛子の双子が生まれる。　6月　五女愛子死去。

一九〇八（明治四一）年　38歳

8月　『哲学雑誌』に「純粋経験と思惟、意志、及び知的直観」を発表。

一九〇九（明治四二）年　39歳

3月　六女梅子が誕生。　7月　学習院教授の辞令を受け取り、翌月、東京に転居。

一九一〇（明治四三）年　40歳

8月　京都帝国大学文科大学助教授となり、京都に転居。

一九一一（明治四四）年　41歳

1月　『善の研究』を弘道館より刊行。

一九一四（大正三）年　44歳

8月　京都帝国大学文科大学教授となる。

一九一五（大正四）年　45歳

3月　『思索と体験』を刊行。

一九一七（大正六）年　47歳

6月　一高生三木清が初めて西田を訪問。　10月　『自覚に於ける直観と反省』を刊行。

一九一八（大正七）年　48歳

9月　母寅三死去。

一九一九（大正八）年　49歳
6月　長女弥生、上田操と結婚。8月　田辺元、京大助教授となる。9月　妻寿美が脳出血で倒れ、病床につく。

一九二〇（大正九）年　50歳
1月『意識の問題』を刊行。6月　三高生の長男謙が死去。

一九二一（大正一〇）年　51歳
5月　この頃から三女静子が肺の病気のために発熱を繰り返す。

一九二三（大正一二）年　53歳
7月『芸術と道徳』を刊行。

一九二四（大正一三）年　54歳
6月　次男外彦が上野麻子と結婚。

一九二五（大正一四）年　55歳
1月　妻寿美死去。

一九二七（昭和二）年　57歳
10月『働くものから見るものへ』を刊行。

一九二八（昭和三）年　58歳

8月　京都帝国大学を停年退職。　12月　鎌倉で過ごす。

一九三〇（昭和五）年　60歳

1月　『一般者の自覚的体系』を刊行。　5月　田辺元が論文「西田先生の教を仰ぐ」を発表、西田哲学を批判。　7-9月　鎌倉円覚寺山内の黄梅院で過ごす。

一九三一（昭和六）年　61歳

12月　山田琴と再婚。

一九三二（昭和七）年　62歳

10月　六女梅子が金子武蔵と結婚。　12月　『無の自覚的限定』を刊行。

一九三三（昭和八）年　63歳

5月　滝川事件起る。　12月　『哲学の根本問題（行為の世界）』を刊行。

一九三四（昭和九）年　64歳

10月　『哲学の根本問題　続編（弁証法的世界）』を刊行。

一九三五（昭和一〇）年　65歳

2月　天皇機関説事件起る。　12月　『哲学論文集　第一』を刊行。

一九三七（昭和一二）年　67歳

5月　『続　思索と体験』を刊行。　7月　日中戦争はじまる。　9月　次男外彦、召集される。　11月　『哲学論文集　第二』を刊行。

一九三九(昭和一四)年　69歳

11月　『哲学論文集　第三』を刊行。

一九四〇(昭和一五)年　70歳

2月　津田左右吉の著作が発禁、津田事件起る。　3月　『日本文化の問題』を刊行。

11月　第二回文化勲章を受章。次男外彦除隊。

一九四一(昭和一六)年　71歳

1月　昭和天皇に「歴史哲学について」を進講。　4月　四女友子が京大付属病院で死去。　7月　次男外彦、ふたたび召集。　11月　リューマチのため京都府立病院に入院。『哲学論文集　第四』を刊行。　12月　真珠湾攻撃の報を病床で聞く。

一九四二(昭和一七)年　72歳

7月　山本良吉死去。

一九四四(昭和一九)年　74歳

8月　『哲学論文集　第五』を刊行。

一九四五(昭和二〇)年　75歳

2月　長女上田弥生が死去。　4月　「場所的論理と宗教的世界観」を脱稿。　6月1日　前月末から書き始めた「私の論理について」の執筆を続けたが、昼食後、昏睡状態に陥る。　同7日　早朝4時、尿毒症のため死去。　同13日　鎌倉東慶寺で葬儀が営まれる。

略年譜の作成には、上田久編「年譜」(『祖父 西田幾多郎』『続 祖父 西田幾多郎』所収、一九七八年十一月、一九八三年一月)、西田外彦「父の住んだ家々(一)―(三)」(第一次『西田幾多郎全集』附録1-3、一九五一年三月・十月、一九五二年五月)、藤田正勝編「年譜」(『西田幾多郎全集』第二十四巻所収、二〇〇九年三月)を参照した。

(岩波文庫編集部)

解説

藤田正勝

旧版の岩波書店『西田幾多郎全集』(第四刷、一九八七―一九八九年)に収録された西田の書簡は、追補も含めて二八五〇通ほどであったが、二〇〇二―二〇〇九年に刊行された新版全集では四五〇〇通を超える書簡を採録した。本書ではそのうちから三二一通を選んで収めた。それに加えて全集版未収録の左右田喜一郎宛書簡一通(九二番、一橋大学附属図書館所蔵)を収めた。収録にあたっては、西田の人となりをよく示すもの、さらには西田の哲学を理解する上で大きな手がかりになるもの、たとえば西田が自らの論文や著作に込めた意図や以後の研究の方向について記したりしたものなどを中心に選んだ。

一　人間・西田幾多郎の魅力

西田幾多郎の書簡については、西田の哲学の研究を始めてからこれまで何度となく読んできたが、今回、改めて読み直して気づいたのは、そこにまさに人間・西田幾多郎がいるということであった。本書の魅力はとりもなおさずそこにあると言ってもよいであろう。もちろん、あとでも触れるが、西田の思索の展開の跡をたどることができるというのもその魅力の一つであるが、これらの書簡をまとめて読みながら強く感じたのは、人間・西田幾多郎と相対しているという思いであった。

　初期の書簡で印象深いのは、禅の修行に真剣に取り組む西田の姿である。一八九六（明治二九）年にやっと手にした金沢の第四高等学校の講師の職を一年後に突然解かれたり、ほぼそれと時を同じくして、父得登《やすのり》から妻寿美《ことみ》との離婚を申し渡されたりしたことが背景にあったのではないかと想像されるが、西田はそのあとの二年間の山口高校時代、そして一八九九年からの第四高等学校教授時代に、とくに熱心に禅に打ち込んだ。

　金沢に戻ってからすぐのことであるが、西田は竹馬の友の一人で、生涯にわたって親しい交わりをもった山本良吉に宛てた手紙のなかで、かつてそのもとで禅の修行をした金沢の雪門玄松《せつもんげんしょう》老師のもとで再び禅に打ち込みたいと記したあと、「いかなる貴き事、この心の救より大切なる事あらじとは、小生近来益《ますます》感する所に候へは、ヨシ幾年無益に星霜を送るともこの事〔禅の修行〕たけは遂げ度《たく》念願に御座候」（八番）と書き送っている。西田がこの時期、学問によって世に出ることよりも、「心の救」をこそ生きる上での重要な問題として強く意識していたこと、そして禅がそのための「捷径《ショウケイ》」（九番）であると考え、その修行に必死で取り組もうとしていたことがひしひしと伝わってくる。

もちろん、それは決して簡単なことではなかった。心のなかに迷いや揺れがあった。日記を繙くと、一方で「洋行したかつたり大学教授になりたかつたり、いろいろの事を思ひ又どうも身体が苦になりて純一になれぬ」といった記述があったりする。しかし他方また、「余は禅を学の為になすは誤なり。余が心の為め生命の為になすへし。見性《けんしょう》（自己の本性を見究めること、つまり悟り）までは宗教や哲学の事を考へす」というように自らを強く鼓舞している。このように揺れ動くなかでの禅の修行であった。これもまた人間・西田幾多郎の魅力であるように思われる。

さて西田は私生活上で多くの悲しい出来事を経験した。書簡のなかにはそのときどきの思いが記されている。一九〇七年、第四高等学校で教鞭をとっていたときに、西田は二人の娘を相次いで亡くしているが、京都大学に移ってからも不幸な出来事が西田を襲った。一九一九年には長く連れ添った妻の寿美が脳溢血で倒れ、五年にわたって病臥し、一九二五年の一月に亡くなった。二年後のことになるが、西田は山本良吉に宛てて次のように記している。「自分の過去というものを構成していた重要な要素が一時になくなると共に自分の未来というものもなくなった様に思われた。喜ぶべきものがあっても共に喜ぶものもない、悲むべきものがあっても共に悲むものもない」(九五番)。

また妻の病臥中、一九二〇年の六月に第三高等学校に在籍していた長男の謙が腹膜炎から心臓内膜症を併発し、急逝した。この頃から西田は自分の思いを短歌で表現するようになった。謙が亡くなった五日後の山本良吉宛の手紙には「担架にて此途ゆきしその日よりかへらぬものとなりにし我子」(六三番)という歌が記されている。また西田のもとで助教授を務めていた田辺元に宛てた手紙では、一周忌のときに感じたわが子への思いを、「今も尚あらぬものとは思はれじ書きし文字など見るにつけても」(六六番)と表現している。

妻寿美を失ってから西田がとくに心を悩ましたのは、子供たち、とくに娘の行く末であった。子供たちへのこまやかな気遣いや配慮も本書に収めた書簡からはっきりと読み取ることができる。長女の弥生は、妻が病床につく直前に法律家の上田操と結婚していたが、男手一つになった西田は、三人の末の娘の結婚問題で頭を悩ませた。一九二七年ころから友人や弟子たちに、結婚相手の紹介をしてくれるようにくり返し依頼している。他方、娘の結婚の世話に必死になっている自分の滑稽さにあきれることもあったようで、久松真一に宛てて、次のように書き送っている。「女の子は男の子と異なりその生涯を決定するものは親の手にあるのだから……できるだけの親切を尽してやり度と思うのです。その為めいろいろあせったり考え過したり迷ったり人間の醜を尽してさて静に諦観すれば自分で自分を笑うの外ありませぬ」（一〇五番）。

娘たちの将来が少しずつ固まりはじめたとき、西田は今度は自分の再婚について考えるようになっていった。この時期に書かれた書簡からわれわれは西田の揺れ動く思いを見てとることができる。一方で友人たちに自分に見あった相手を紹介してくれるように依頼するとともに、他方で、必ずしも再婚に賛成でなかった息子夫婦に宛てて次のように書き送っている。「友（四女の友子）の事もいろいろの人々の同情によって遠からぬ中どうにかなるだろうと思うにつれて時々自分というものを省みると共に深い孤独の感に打たれるのです。十年間緊張しきった心がゆるみを覚えて押しつけていた人間性が反逆的に何等かの慰藉を求める様に思うのです。そして今後何年かを暖い静な生涯を送って見たいという念が起ることもあるのです（私はそういう human weakness を多量に有った人間なのです）」（一二〇番）。このような西田の思い、さらに西田が自分自身の心のなかにある「弱さ」をみつめていたことなどは、公にされた論文などからはとうてい窺うことができない。そうした西田にわれわれは書簡のなかで出会うことができるのである。

多くの人が思い出の記などで、西田が身なりや世の中のことに対して無頓着であったことを記したり、あるいは多くの弟子がしばしば西田のなかに激しい感情や抑えがたい情熱のようなもの、あるいは「闇」ともよぶべきものを感じとったことを記したりしている。しかし西田はそれだけではなく、他面、やさしさやこまやかさをもった人でもあった。たとえば西田の六女梅子と結婚した金子武蔵も、西田がきわめてこまやかな愛情の持主であったことを記している。あるいは和辻哲郎は京都大学に赴任して二年後にドイツに留学したが、その際にいち早く気づかいの手紙を送った西田について、和辻は妻に宛てて「あの、じいさん、何も知らんような顔をしながら、なかなか細かいことによく気がつく」と書き送っている。

一九四四年になってからのことであるが、病弱であった三女静子が仕事をしたいと言いはじめたとき、西田は京大の研究室で働けないか、弟子の天野貞祐や木村素衞に依頼の手紙を送っている。幸いにも植田寿蔵が美学研究室で使ってくれることが決まったとき、それを知らせる手紙のなかで西田は「植田君の云う通り指図《さしず》通りに一生懸命に働いてこれ等の人々の御恩に報ぜねばならぬ。私の娘だと云って文学部の書記にでも小使にでも決していばった風をしてはならぬ。誰にもかれにも謙遜丁寧にせねばならぬ」（『西田幾多郎全集』第二十三巻、一九五頁。二八五番の植田寿蔵宛書簡を参照）と書き記している。

西田の再婚については、何人かの女性が候補に挙がったが、最後に女子英学塾（津田塾）で働いていた山田琴に出会い、結婚に踏み切った。この再婚が西田にとって大きな喜びであったことは、日記に記された「はしきやし君がみ胸にわが命長くもがなと思ふこの頃」といった歌などからも見てとることができる。一九三一年九月にはじめて会ってから、二人のあいだで何度か手紙が交わされているが、それらは残念ながら『西田幾多郎全集』にも、この書簡集にも収められていない。孫の上田久が著した『西田幾多郎の妻』には次のような記述がある。「〔琴の姪〕角田智慧子の記憶によれば、東大病院に入院していた智慧子の夫清三を見舞に来た祖母〔琴〕は、病室の窓に寄りかかりながら、長い巻紙に書かれた祖父の手紙を大事そうに懐から取り出し、熱心に読みふけっていたので、この人は病人の見舞いに来て、と思ったという。祖父が人生の重大事に際して心を籠めて書いた手紙は、素直に真情を吐露するだけに、人の心を動かすものを持っていたようである」。本書には唯一、一九四四年の五月の琴宛の葉書が収録されている。西田は晩年、一年の半分ほどを鎌倉で過ごすようになったが、たまたま鎌倉の家に琴を残し、一人で京都に戻っていたときに送った葉書である。そこで西田は机を修理した琴に「小 ingenieur you, Jack of all trades〔技術者のあなたは何でも屋〕」(二九一番)と呼びかけている。西田がどのように琴に接していたかがここからも窺われるように思う。

その半年後になるが、今度は鎌倉から、西田は、京都の家に一人で住んでいた静子に宛てて、「少くも月一度位はそちらの様子でも云って便《タヨリ》なさい。しかし二人の名宛にして」(三〇四番)と書き送っている。二人の名宛、つまり静子からすれば継母に当たる琴の名前も添えて、というところに西田のこまやかな神経が感じられる。

そうしたやさしさは弟子たちにも向けられた。西谷啓治は「西田幾多郎先生の人柄」と題した文章のなかで、西田の弟子たちに対する態度を次のように評している。「本当に人の為を思ってその人を生かしていく。簡単にいえば、包容性といいますか、大きく人を包んでいく。自分の気に入らないことを怒ったりするんでなしに、長い眼で観てその人を段々いい方へ生かしていこうとする深い意味の親切さです」。西田は多くの子供を亡くすなど、その人生のなかで深い悲哀を味わったが、その経験が西田をこのようなこまやかな配慮をする人、あるいは包容力のある人にしたのかもしれない。

もちろん、一方では西田の性格的な特徴として意志の強さを指摘することができる。それは先に見た若い頃の禅への必死の取り組み方にも見てとれるが、晩年に書かれた書簡や葉書のなかにもきわめて印象深いものがある。西田は一九一七年から翌年にかけて胸膜炎のために床についたりしたが、それ以後は大きな病気にはかからず(日記には不眠や痔疾に苦しんでいるといった記述があるが)、むしろ家族の健康に気をつかう日々が続いた。しかし一九四一年になって、今度は自分がリューマチのために手足のはれや関節の痛みを覚えるようになり、京都府立病院に入院した。五十日あまりの入院生活ののち(完治したわけではなく、なお体を動かすことができなかったが)、十二月末に退院している。その間、手紙は妻の琴が代筆している。しかし、明けて一月二日付けの鈴木大拙宛の葉書では、表書きは琴によるが、本文は西田自身が「全指尚弓形トイヘドモ二三本少シ動ケバコンナ位ノ字ハ書ケルモノ、如シ」(『西田幾多郎全集』第二十三巻、三頁)というようにぎこちない字で認《したた》めている。その翌月には山本良吉に宛てて、やはりぎこちなく「言ハント欲コト山ノ如クナルモ指動カザルヲイカンセン」(二五九番)と書き送っている。このような状況のなかでも、書きたいことがあふれでてきていたことがわかる。しかしそれを書きとめることのできないもどかしさを、西田は友人に動かない手で必死で訴えようとしたのである。

二　京都大学の哲学科を背負って

西田の京都大学在職期間の書簡には、当然のことでもあるが、その職責と関係する書簡が多い。哲学科の人事をめぐって記されたものも多い。そのなかでとくに胸を強く打つのは、辞職を考えた同僚の朝永三十郎を慰留した手紙である。

朝永三十郎は一九〇七年に助教授として京大に赴任、ドイツに留学したあと、一九一三年に哲学史講座の教授になった。翌年、西田が哲学講座の教授となって以降は、二人で京大の哲学科を支えた。二人は自らすぐれた研究の成果を生みだしていっただけでなく、多くの才能ある人材を京大文学部に迎えた。波多野精一や田辺元、和辻哲郎などである。

一九一七年に波多野精一が宗教学講座担当教授として京大に迎えられたあとのことになるが、朝永は、『西洋哲学史要』などの哲学史に関するすぐれた著作で知られる波多野こそが哲学史講座の担当者としてふさわしいと考え、自らは身を引き、高等学校などで教えることを決意した。のちに京大の文学部が創立三十周年を迎えたときに朝永が記した「感想」には「重荷を背負うて峻坂を上る駑馬にも喩うべき深き苦しみを嘗め……」とある。謙遜という面もあったであろうが、実際に、自分に学生たちを指導するだけの十分な力があるかどうか自問するところがあったのかもしれない。辞任の意向を示した朝永に対して西田は長文の手紙を送り、強く慰留した。そこには「小生が最も遺憾に思うのはこの大学の哲学科よりして事を処するに材幹ありかつ一種の気風を維持するに頼もしき一人を失うことである」（五八番）という言葉が見える。その翌日にも西田は重ねて朝永に書簡を送り慰留に努めた。そこには「余の妻よりよき妻は多かるべく、余の友よりよき友は多かるべし、しかし余の妻は余の妻にして余の友は余の友なり」（五九番）と書き添えられていた。ここにも西田の同僚に対する深い愛情が感じられる。

　西田幾多郎が京大への招聘に最も力を注いだのは、その後継者となった田辺元であった。いろいろな方面に配慮しながら西田は慎重にこの人事を進めている。田辺は東京大学の大学院を退学したあと、東北大学の理科大学に職を得て、そこで科学概論を講じていた。そこで田辺が発表し始めていた論文を西田は高く評価し、たびたび書簡を送って、学問上のアドヴァイスをしたりしている。そして田辺が京大で学位を取得することも勧めた。かつて田辺が第一高等学校で教えを受けた狩野亨吉らの反対もあったが、田辺は一九一八（大正七）年に京大に「数理哲学研究」と題した論文を提出し、文学博士の学位を受けた。

　その直後に西田は田辺を助教授として京大に招きたいという意思を伝えている。当時、東北大学に文科大学を作る計画があり、そちらの教授にという話があれば、それを優先してもかまわないとも付言している。それに対して田辺は、自らが京大に赴任することによって京大出身の人たちの「途を塞く恐なきか」という返事をした。西田は、「出身とか何とかいふことも人情として一応考へねばならぬことなるが小生は常に京都大学は京都の京都大学にあらずして日本の京都大学なることを考へて居たいと存じ居り候」（五四番）と書き送った。この返事を見て田辺は京都行きを決断したのであった。西田がこのような見識をもっていたからこそ、優秀な人材が京都に集まったと言えるであろう。

田辺が哲学担当の助教授として京大に赴任してきたのは一九一九年であるが、その二年後、西田は和辻哲郎を倫理学の担当者として招く計画を立て、それを田辺に相談している。和辻は一九一二年に東京大学を卒業後、すぐに『ニイチェ研究』（一九一三年）や『ゼエレン・キエルケゴオル』（一九一五年）を発表した早熟の思想家であった。その後、関心を日本の文化、とくに古代の文化に向けていき、一九一九年には『古寺巡礼』を、その翌年には『日本古代文化』を発表した。そのめざましい活躍に西田は早くから注目していたのである。この招聘はすぐには実現しなかったが、一九二四年になって西田は改めてこの話を進めた。しかし倫理学の担当者として採用したいという京大側の要望に和辻は最初、大きなためらいを示した。和辻がためらった原因の一つは、彼が当時、倫理学を専門に研究する研究者ではなかったという点にあった。そのとき和辻がもっとも関心を寄せていたのは、日本ないし東洋の文化に関する研究であり、その分野で自らの力がもっとも発揮できると考えていた。そのこととも関わるが、和辻がためらったもう一つの理由は、彼が自分は体系的な研究には向いていないという自覚をもっていたことであった。体系的な研究よりもむしろ文化史や精神史のような歴史的な研究に向いていると考えていたようである。それに対して西田は、自由な基礎的研究を行うとともに、同時に「かねての御考の日本文化の研究に進む」ようにされてはどうかと説得し、「文化の研究（倫理思想を中心として）」を行うスタッフとして京大に迎えたいと書き送った（八〇番）。西田らの説得を受け入れて和辻は一九二五年に京大に赴任し、一年間の留学を挟んで九年間在職した。

西田の京大在任中に多くの人材が、また多くの学生が集まり、京大哲学科の伝統が形成されていったが、その背景には、以上で見たように、西田や朝永らが優秀なスタッフを招くための努力を惜しまなかったことも大きく与っている。その経緯をわれわれは本書に収めた書簡から具《つぶさ》に知ることができる。

西田の京大在職中にすでに、久松真一や山内得立、務台理作、三木清ら、多くの弟子たちが学業を終えて研究者として独り立ちしはじめていた。そうした弟子たちと交わされた書簡も多い。そのなかで西田は学問と取り組む姿勢のようなものについても語っている。たとえば禅に深い関心を寄せていた久松に宛てて、「学問においても修養においても決して小成に安んずべからず」（六〇番）と書き送ったり、長野県で教員として務め始めた唐木順三に宛てて、「一日も向上の精神を失わず、あましうる時間を読書と思索に用い、不撓不屈、十年二十年の功を積まるる様祈ります」（九七番）と記したりしている。

卒業生たちの就職もこの時期の西田にとってきわめて大きな問題であった。この問題をめぐって書かれた書簡も多いし、また留学中の弟子に購書を依頼した書簡も数多い。ジャンルも多岐にわたる。たとえばフライブルク大学に留学していた山内得立に宛てて、「両三年来私は人生の重荷に堪えきれずいろいろになやんだ結果 Beethoven の生涯や思想感情という様なものにこの上なき慰藉を見出す様に思います」(七五番)と記し、セイヤー、リーマンによる『ベートーヴェンの生涯』の購入を依頼している。少し時期が下がるが、パリに留学していた澤瀉久敬には、プロティノスの著作などとあわせ、D・H・ローレンスの『チャタレー夫人の恋人』を手に入れてくれるように頼んでいる。

三　西田の思索の跡

先に、本書に収録した書簡を通して西田の人となりだけでなく、その思索の発展の跡をたどることができると言ったが、実際、われわれはそのなかに、論文を読むのとは違った仕方で、西田の思想の歩みを見てとることができる。それぞれの時期の論文を西田自身がどのように見ていたのか、どのような点に課題を見いだしていたのか、それを解決するためにどのような点に苦心していたのかを見てとることができる。それも本書簡集の大きな魅力の一つである。

本書に収録した書簡を通読してすぐに気づくのは、田辺元との書簡の交換が非常に大きな意味をもっていた点である。西田は次男の外彦が結婚した際に田辺に媒酌人を務めてもらったり、病弱の三女静子の世話を頼んだりしており、二人はプライベートにおいても深い関わりをもったが、もちろん思想上においても大きな刺激を与えあった。

最初は西田の方が、研究者としてのスタートを切った田辺に対してさまざまなアドヴァイスを行っていたが、やがて新カント学派のなかで展開された認識の問題や、新カント学派に対抗したボルツァーノやブレンターノ、トワルドウスキー、さらにはフッサールの哲学などをめぐって相互に議論を重ね、影響を与えあった。われわれはその跡を本書に収められた書簡を通して詳細にたどることができる。

その影響は二人がこの時期に執筆した論文にも色濃く表れている。西田が一九一一年に発表した「認識論に於ける純論理派の主張に就て」と題した論文には、同年に発表された田辺の「イェルザレム氏の『批評的観念論と純粋論理学』」という論文からの影響が見てとれるし、この西田の論文は田辺の「物理学的認識に於ける記載の意義――キルヒホッフ及マッハの批評」(一九一三年)や「認識論に於ける論理主義の限界――マールブルヒ派とフライブルヒ派の批評」(一九一四年)という論文に影響を与えている。逆にまたこの後者の論文における田辺のヘルマン・コーヘンやフッサールについての議論を承けて、西田は一九一五年に雑誌『芸文』に発表した『自覚に於ける直観と反省』の十五節以降の部分や「現代の哲学」（一九一六年）と題した論文においてコーヘンやフッサールについて論じている。これらの論文は、言わばひとつながりのものとして、あるいは、西田と田辺のあいだでなされた思想的な応答として読まれなければならない。

『善の研究』以後の西田の思想の発展という観点から大きな意味をもつのは、一九二六（大正一五）年に発表された論文「場所」である。『善の研究』における「純粋経験」の立場がはらむ問題、つまり直接所与としての純粋な経験と判断によって言い表される概念的知識との関係が十分に明らかにされていないという批判に対していかに答えるかということが、それ以後の西田にとっては大きな問題として意識されていた。論文「場所」はまさにこの課題に答えようとするものであった。

西田がこの論文に大きな手応えを感じとっていたことは、それを収めた雑誌が刊行された直後に当時ハイデルベルク大学に留学していた弟子の務台理作に宛てて送った手紙から読み取ることができる。そこで西田は次のように書き記している。「この論文はまだ klar（明晰な）でないが私はアリストートルが「主語となって述語とならないもの」と Substanz（実体）を定義したのを逆に「述語となって主語とならないもの」ということによって論理的に意識を定義しようというのです。……私は之によって私の最終の立場に達した様な心持がいたします。これよりこの立場に立って従来の考をすべてreconstructして見ようと思います」（八九番）。「私の最終の立場に達した様な心持がいたします」という言葉から、西田自身がこの論文を書いたときに感じていた興奮が伝わってくるように思われる。

この論文が発表された直後、新カント学派の立場に立つ左右田喜一郎が「西田哲学の方法に就いて——西田博士の教を乞ふ」という論文を発表し論評を行った。左右田はそこで西田の論文に対して、「学問上容れらるべきに非ざることの疑問を深くせざるを得ぬ」というように仮借のない批判を行った。しかし左右田も西田の哲学を単に批判したのではなく、むしろこの論文、およびそれに先だって書かれた「働くもの」と題された論文によって西田が「一個の体系を備へたといひ得べき境地に踏み込まれた」ことを認めた上でのことであった。この論文の表題に見られるように左右田が西田の学説をその名を冠して「西田哲学」と呼んだのも、それらの論文のなかに西田の思想の成熟を見て取ったからだと言えるであろう。この左右田の論文以後、西田の学説は広く「西田哲学」の名で呼ばれるようになったのである。

しかしこのように「場所」の思想を通して自らの立場を確立しえたことは、同時に批判の矢面に立つことをも意味した。左右田にとどまらず、西田はその他多くの人々、たとえば戸坂潤らマルクス主義の立場をとるようになった弟子たちからも、また田辺元からも批判を受けた。日本の哲学の歴史のなかで西田の思想ほど批評や批判の対象となったものは他に例がない。それはまさにそこに西田自身の立場と呼びうるものが形成されたからだと言うことができる。

西田の立場を観念論であり、解釈学であると批判する戸坂に対し、西田は次のように書き送っている。「私のこれまで書いたものが解釈学的だと考えられるのは無理もなかろう。私はまだプラクシスを中心とした私の考を書いて居らぬ。……マルキストは einseitig（一面的）で徹底しない所があると思う。しかしマルキストというものは十分に理解しその取るべき所は何処までも取りたいとおもう」（一五一一番）。

一九三〇年、西田が京都大学を退職して二年後のことであるが、田辺は、「西田先生の教を仰ぐ」と題した論文を発表し、「場所」の論文を収める『働くものから見るものへ』やそれに続いて書かれた『一般者の自覚的体系』で展開された西田の思想を厳しく批判した。そこで田辺はとくに、西田において、現実および現実のなかにある非合理性が十分に顧みられていないことを指摘したが、西田はこのような批判を正面から受けとめようとした。務台理作に宛てた次の書簡の言葉がそのことをよく示している。「田辺君の論文誠に真摯な態度にして学界実にかかる気分の盛ならんことを切望に堪えませぬ。さなくば我国の学問の進み様がないと思います。……これから必ずしも同君に答えるという意味ばかりでなく自分の考を明にする意味にてだんだん書いて行こうと思います」（一二九番）。

このように西田は自らに向けられた批判をそのつど正面から受けとめ、自らの思想を発展させる原動力にしていった。大きな課題を突きつけられたときこそ、その思想は大きく発展していったと言ってもよい。事実、それ以後、西田の関心は「自己」の問題から「世界」へ、そして「現実の世界の論理的構造」へと向けられていった。たとえば一九三五年十月の三宅剛一宛の手紙でも「歴史的実在」こそが哲学の中心問題であることを主張し、そういう立場からフッサールやハイデガーの不十分性を指摘している。

田辺は一九三四年以降、「種の論理」と呼ばれる独自の哲学を構築するに至ったが、その立場から改めて西田哲学に対する批判を行った。田辺の「種の論理」を成り立たしめているのは、すべてのもの――類と種と個と――を相互に媒介されたものとして捉える「絶対媒介の弁証法」であると言うことができるが、そういう立場から田辺は、絶対的なものを前提し、そこからすべてのものを根拠づけていく西田の立場を批判した。この時期以降、二人が書簡を通してお互いの思想について論じあうことはなくなった。それだけでなく、西田は友人や弟子たちに田辺の無理解を嘆く手紙をくり返し書き送っている。たとえば一九三七年十月の島谷俊三宛の書簡では、「私のは歴史的な生命の弁証法ともいうものだ。現実の深い分析から始めて居るのだ。悟性論理の立場を脱せない弁証法ではない」（二〇五番）というように、田辺の立場をあくまで悟性の立場に立つものとして批判している。

この時期以後、両者のあいだには修復しがたい大きな溝が生まれていった。直接、立場の違いを論じ、それを乗り越える努力がふたたびなされることはなかった。それは日本の哲学の歴史のなかできわめて残念なことであったと言わざるをえない。

四　時代と向きあう西田幾多郎

晩年の書簡を読んで強く印象づけられるのは、時代と向きあう西田の姿である。しばしば指摘されるように、一九三一年に勃発した満州事変の前後を境にして日本の思想状況に大きな変化が生じた。大正の末から昭和の初めにかけて憲政擁護運動が活発になり、普通選挙法が成立するとともに、無産階級が大きな政治勢力となり、社会運動が活発化していったが、他方、一九二七年の金融恐慌、一九二九年の世界大恐慌の影響を受けて日本の経済は行き詰まりを見せ、それを打開する道を日本政府や軍部は中国進出に求めようとした。それまで社会主義の思想が広がりを見せ、社会運動だけでなく、プロレタリア文学運動なども大きな高まりを見せていたが、満州事変前後から、そうした運動が弾圧を受けるようになっていった。その圧力は自由主義的な学問にも及び、一九三三年には京都大学の法学部教授であった滝川幸辰《ゆきとき》が職を追われ（いわゆる滝川事件）、一九三五年には美濃部達吉の天皇機関説が攻撃された。

日本は、その対外膨張政策により、世界のなかで政治的に孤立を深めていったが（一九三三年には国際連盟から脱退している）、それとともに、そうした政策の後ろ盾となる思想の確立が強く求められるようになった。「日本主義」を声高に主張し、「日本精神」の特殊性や優越性を宣揚する思想が論壇を支配するようになっていった。

そのようななかで西田は一九三五年十月、弟子の一人である日高第四《だいし》郎《ろう》に宛てて次のように書き送っている。「現今はファッショ時代だ。真に自己を離れて深く遠く我国の将来を思うものは徒らに性急に潔癖的にして始から之と衝突し之と戦うよりも何とかして今の所を忍んで漸次中正に復する様努力せねばならぬと思う」（一七六番）。ファッショと正面から闘って押しつぶされるよりも、むしろそれに堪え、やがて「中正に復す」機会を待つというのが、この段階での西田の基本的な姿勢であったように思われる。おそらく、国家や政治に関わる自らの見解を公の場で表明したとしても、それによって時代の流れを変革することはできないと考えていたのであろう。そのために政治の問題について発言することには西田は慎重であった。

しかし、時代の方が西田に対してファッショの荒波を静かに堪え忍ぶことを許さなかった。その転機となったのは、西田が一九三五年十一月に文部大臣の諮問機関として設置された教学刷新評議会の委員をやむなく引き受けたことであった。それに続いて一九三七年には日本諸学振興委員会の公開講演会において「学問的方法」という演題で講演を行い、その翌年には京都大学での公開講義で「日本文化の問題」について語った。さらに一九四〇年にはそれをもとに岩波新書の一冊として『日本文化の問題』を出版した。これらの講演や著作において西田もまた「日本文化」の問題や「日本精神」の問題について論じるようになった。しかし西田は単純に時代の潮流のなかに呑み込まれたわけではなかった。たとえば「日本文化の問題」と題した講演においても西田は、「外の世界的な文化にぶつつかつた今日、どう云ふ風にして世界文化を消化摂取するか、又世界文化に対してどんな態度をとるか」ということが今日的な課題になっていることを述べたあと、次のように主張している。「それに就いて一番普通の考え方は、日本精神で西洋文化を消化して行こうと云うのだが、……そういう人は、日本精神という特別なものがあり……それを中心として外国文化を纏め総合しようとするのである。丁度蓑虫が葉を集めて自分の周りに巻く(笑声)という風なやり方で行こうとするのである。之は最も浅薄なよくない考え方と思う」(『西田幾多郎全集』第十三巻、一四頁)。この言葉も、西田が、「日本精神」というものを根拠なく独断的に主張しようとした人々に対してはっきりと批判的な態度をとっていたことを示している。

西田は教学刷新評議会の第一回総会には出席したが、ただ「空漠な」議論がくり返される会議に、すぐに出席の意欲を失っている。以後、最後まで出席しなかったが、しかし一九三六年一月に開催された第三回総会では、京都大学の同僚であった教育学の小西重直の代読という形で、意見の陳述を行っている。その間の事情について西田は山本良吉に宛てて次のように書き送っている。「例之文部省の教刷というものへ一回出て見ましたが、とてもかたよりたるものにてあれでは我国将来発展のため如何かとおもいます。誰も何ともいう人なき様ゆえ私はこの十五日の会へ一寸私の意見をかいて送って置きました」(一八二一番)。

先に述べたように、自らの果たすべき課題とは考えていなかったにもかかわらず、自分の見解を公的な世界で表明したのは、「我国将来発展」を憂えてのことであったと言えるであろう。学問・教育の将来の発展を考えるならば、また、そのような観点からの発言が他の委員によってなされないのであれば、あえてそれをなすのも自らの責務であるという考えが生まれていたのではないだろうか。

そのような変化が西田のなかに生まれてきていたことをよく示すのは、京都大学から東京大学に移っていた和辻哲郎に宛てた一九三七年十一月の書簡である。そこで西田は次のように記している。「何だか大きなUndercurrent〔底流〕がぐんぐん流れて居る様です。いずれ押し流されることでしょう。始めからそれを知って出ないのは賢明だがとにかく戦場へ出て破れて後已《や》むも義務かとも思うのです」（二〇八番）。二年前の「中正に復す」機会を待つというのとは大きく異なった態度を西田がもつにいたっていたことがわかる。日本が戦火を拡大し、そしていよいよ引き返すことのできない方向へと進み始めたとき、国家や政治のあるべき姿をめぐって真剣に思索し、いささかでも、現実の政治の向かう方向を改めたいという考えが西田のなかに生まれてきたのではないだろうか。この和辻宛の書簡からわれわれは、西田がけっして時局の流れを後押しするようなことを考えていたのではなく、むしろそれと闘おうとしたこと、しかもそれが勝ち目のない闘いであることをはっきりと認識していたこと、そしてたとえそうであるとしても、闘わなければならないという義務の意識とでも言うべきものを西田がもつようになっていたことを知ることができる。それ以後の公の場での国家や政治の問題に関する西田の発言は、そのような思いからなされたと言うことができるのではないだろうか。

太平洋戦争開戦のニュースを西田はリューマチのために入院していた京都府立病院のベッドで聞いた。指が不自由であったため、そのニュースをどのように聞いたのか、日記にも書簡にもその感想は記されていない。しかし本書にはこの戦争と深く関わる書簡が数多く収められている。たとえば戦局が悪化の道をたどっていた一九四四年に西田は「国体」と題した論考を執筆しているが（最終的にはその題を「哲学論文集第四補遺」と改め、『哲学研究』に発表した）、それを執筆した意図、その発表の経緯について記した書簡が何通か収められている。

この「哲学論文集第四補遺」において西田は、当時の「国体」論のなかで絶対化された「国体」を「国家の個性」として相対化し、それぞれの国家がそれぞれの世界史的使命を自覚し、一つに結びつくことによって「歴史的世界」の形成が可能になるということを主張している。いわゆる国家主義をはっきりと越えでた視点から「国体」の問題を論じている。この理念を周りの人々に伝え、そしてそれが現実の政治に反映されることを期待して、西田は出版事情が極端に悪化するなかで、これが印刷されることを強く願った。一九四四年三月の長田新宛の書簡（二八七番）や十二月の澤瀉久敬宛の書簡（三〇七番）にはそのような西田の思いが強く現れている。

しかしその裏面では、西田はいま戦われている戦争が敗戦に向かって突き進んでいるということを強く自覚してもいた。一九四四年七月、長与善郎《よしろう》——学習院の出身で、西田が一年間学習院で教えたときに大きな影響を受けた。晩年西田が鎌倉で過ごしたとき、同じく鎌倉にいた長与とのあいだで親しい交流があった——に宛てて次のように書き送っている。「我国の状勢私共書斎の老書生が最始から憂慮し居りました如き所へ段々切迫し来たれる様に思われ誠に痛心の至りに堪えませぬ。一に我国為政家の先見の明なきの致す所、今となりては尊兄の如く行く所まで行くより致し方御座いませぬ」(二九二番)。翌年の三月には、同じ長与に宛てて次のように、いよいよ来るところまで来たという状況認識と、政治家・軍部の世界への視点を欠いた傲岸で無謀な政策運営、そしてそれを学問に携わるものが阻止する力をまったくもたなかったことを嘆く言葉を記している。「不幸にして私共の予見していた通りになりました。田舎者共の世界みずの驕慢無暴の自業自得の外ありませぬ。……学者も文学者も深く考う所なくただこれに便乗追従するにすぎませぬでした。私は今日程国家の思想貧弱を嘆じたことはありませぬ」(三一六番)。

この時期に書かれた他の書簡からも、西田にははっきりと敗戦が意識されていたことがわかる。そして「こんな風にして国民が引ずり引ずられてどん底に陥入れられて国民が全く自信を失ってしまう様ではもはや再起の途もなくなりはせないか」(同番)という長与宛の書簡の言葉が示すように、敗戦後の日本のあり方に対する大きな不安を表明している。

田辺元もまた、この時期、同じように将来への深い憂慮を抱いていた。西田と田辺とは、田辺の側からの辛辣な批判をきっかけにして、長い間交流が途絶えていたが、何とか日本が置かれている状況を打開する方策はないか、そのような真剣な思いから、田辺は一九四五年五月に――西田が亡くなる二十日ほど前のことであった――西田に宛てて書簡を送った。実際に受けとった手紙は――西田は通常そうしていたのであるが――処分されたものと推測される。しかしその下書きが田辺の遺族のもとに残されており、かつて大島康正が、旧版の『西田幾多郎全集』第十九巻の月報に「西田先生と田辺先生の最後の書信交換」と題した文章を発表して、その内容について報告したことがあった。それによれば田辺の提案は、近衛文麿を通して高松宮に、そしてさらに天皇に働きかけ窮状を打破するというものであった。それに対して西田が書き送った返事は、そのためには「先見の明があり強固な意志と実行力のある輔佐の偉人」がなければならないが、いまの思想貧弱な政治家にそれを求めることはできないというものであった。最後に「御叱りを受けることと存じますが何事にも意気地なくお恥しい次第です。老耄《ろうぼう》何の役にも立ちませぬ」(三三二番)と書き添えている。最後は、長与宛に記したように「行く所まで行くより致し方」なしという思いであったのだろうか。

五　書簡を公にする意義

以上で見てきたように、われわれは西田の書簡を通して、さらに言えば日記などを通してその人となりや、そのときどきに西田がどのような思想的課題と取り組んだのかを知ることができる。しかし、われわれがこれらの資料を目にしうるのは、一九四七年から一九五三年にかけて刊行された最初の『西田幾多郎全集』に書簡や日記が別巻の形で収録されたからである。別巻という形が示すように、書簡や日記の収録は初めから決まっていたわけではなかった。それらを公にすることについては、編者のあいだでかなり激しい議論があったのである。この最初の全集の別巻五の月報に、編者の一人である下村寅太郎は「西田先生の書翰集について」という文章を寄せている。そこで下村は、全集を完璧なものにするためには書簡の収録が望まれるが、その点について編集委員のあいだで長く決まらなかったということを記している。「生前、先生は哲学者の全集は文学者のそれとは違って、私的な生活は重要な意味がない、というような意見をもっていられたから、その意思を尊重すべきではないか」といった意見が出されたとのことである。下村の依頼を受けて全集の編集に協力した永井博は、別巻六の月報に寄せた「編輯の跡を顧みて」のなかで、和辻哲郎が書簡や日記を全集に収録することに強く反対し、安倍能成が収録を強く主張したことを記している。

本書に収録した書簡にも見えるが、和辻夫妻と親しかった女性と西田とのあいだに再婚の話が持ち上がったこともあった。そうしたことが和辻の頭をよぎったのかもしれない。西田自身、友人たちにくり返し妻を亡くしてのちの孤独を嘆じ、心の慰藉を得るために、ふさわしい女性を紹介してくれるように依頼している。そのような自分の心のweakness を西田は――先に触れたように――息子夫婦への手紙のなかで率直に語っている。こうした手紙が広く世間に知られるようになるとは、西田は決して想定していなかったであろう。もしそのことの是非が西田自身に問われたとすれば、おそらく即座にそれに反対したであろう。

おそらくそうしたことを配慮して、旧版の『西田幾多郎全集』の編集委員のあいだでも簡単に結論を出すことができなかったのだと考えられる。激しいやりとりの末、結局、安倍の意見が通り、書簡や日記も全集のなかに取り入れられることになった。そのことによってわれわれは幸いにも西田の生涯と思想を理解する上での大きな手がかりを得ることができるようになった。新版の『西田幾多郎全集』刊行にあたっては、改めて関係者に書簡の提供に関する依頼がなされ、多くの書簡が新たに追加収録された。そのことによって西田の交友関係がいっそう明らかになった。

しかし、言うまでもなく、書簡には多くのプライベートに関わる記述がある。人物評価や子供たちをめぐる悩み、さらには再婚にいたるまでの詳しい経緯などをわれわれはそこから知ることができる。それをそのまま発表してよいのか、ということが当然問われるであろう。下村寅太郎も「西田先生の書翰集について」のなかで、「日記や書簡に対する好奇心は他人の密室や裸身を窺窬《きゆ》せんとする心と連るものがあり、あるいは高雅な心ではないとも言える」と書き記している。確かにそのように言われても致し方ないように思われる。しかし下村はそれに付け加えて、「矮小卑俗な人間の内部は誰も関心をもちはしないであろう」とも述べている。本書を編んでいて、筆者もまたその思いを強くした。そのことをかこちぐさにして、迷いを抱きつつ、本書を公にする次第である。多くの方々に、人間・西田幾多郎のきびしい一面ややさしさ、思いやりの深さなど、さまざまな面に触れていただければと願っている。それはおそらく西田の思想を理解するための大きな手がかりになるにちがいないと考えている。

注記　一九二九年十二月十五日付の由良哲次宛書簡（一一八番）と同年十二月二十三

日付の由良宛書簡（一一九番）は嶋田暁編『由良哲次博士を偲ぶ』（由良大和古代文化研究協会、一九九六年）から転載された書簡である。この二つの書簡が出された日付について、この書では一九三〇年と記されている（おそらく編者の推測によると考えられる）。そのため全集版では一九三〇年の書簡としたが、近日中に『一般者の自覚的体系』が出版されるという記述内容から（刊行されたのは一九三〇年一月）、これらは一九二九年の書簡であると判断し、その位置に配列した。

一九三二年五月十三日付の戸坂潤宛書簡（一四九番）は全集版では一九三〇年の書簡とされていたが、本文で言及されている論文「自然科学とイデオロギー」は一九三二年に刊行された社会学研究会編『知識社会学』（同文館）に発表されたものであり、一九三二年の書簡と判断し、その位置に配列した。

人名解説と索引

（藤田正勝編）

・宛先の人名と文中の主な人名について解説を付した．その人名が，宛先の場合は立体の洋数字で，文中に出てくる場合はその次に斜体の洋数字で，該当する書簡番号を示した．
・現代仮名遣いの五十音順によって配列した．

ア　行

暁烏敏(あけがらすはや)(1877-1954)　浄土真宗大谷派の僧侶．真宗大学を卒業後，清沢満之を中心とする信仰共同体「浩々洞」で活動．西田に雑誌『精神界』への寄稿を依頼．***29***

安宅弥吉(1873-1949)　四高を中退後，東京高商卒．明治37年安宅商会(のち安宅産業)を創立，屈指の貿易会社に育て上げた．おなじく四高中退組の鈴木大拙と親しかった．***69***

天野貞祐(ていゆう)(1884-1980)　明治42年京大文科に入学，二回生のときに西田が赴任．大正15年京大助教授，昭和6年教授．西洋近世哲学史，倫理学を担当した．***107***，***135***，***213***，***217***

荒木貞夫(1877-1966)　陸軍大学校長などを経て，第一次近衛内閣文相を務めた．京大総長浜田耕作が病没した際，帝国大学総長の任免権を文部当局の手に収めようと図ったが，京大の学部長たちは，それに抵抗し，大学自治の伝統を守った．***216***

池田成彬(しげあき)(1867-1950)　慶應義塾，ハーバード大卒．三井銀行常務，三井合名会社常務理事等を務めた．また第一次近衛内閣で蔵相兼商工相を務めた．***216***

石原謙(1882-1976)　東大文科(哲学)卒．大学院時代に波多野精一から，またドイツ留学中にシューベルト(Hans von Schubert)か

ら影響を受け，キリスト教史の研究に力を注いだ．***74***

一木(いちき)喜徳郎(1867-1944)　明治 20 年東大法科卒．27 年東大法科教授．大正 3 年文相，翌年内相．10 年新設の武蔵高校校長．山本良吉は一木のもとで教頭を務めた．14 年から昭和 8 年まで宮内大臣．***153***

伊藤吉之助(1885-1961)　明治 42 年東大文科(哲学)卒．慶應義塾予科教授から，留学を経て慶應義塾教授．大正 12 年に東大文学部講師となったのち，昭和 5 年同教授．**152**，***295***

稲葉大受　西田の山口高校以来の旧友稲葉昌丸の五男．**301**

稲葉昌丸(まさまる)(1865-1944)　浄土真宗大谷派の僧侶．東大理科(動物学)卒．山口高校で西田の同僚となり，繁く行き来した．この時期に西田は稲葉を通して浄土真宗の信仰への関心をかき立てられたと考えられる．**7**，***301***

井上哲次郎(1855-1944)　明治 23 年東大文科哲学科教授．以後大正 12 年まで三十三年間，その地位にあった．西田は明治 24 年から 27 年まで選科生としてそのもとで学んだ．***17***，***22***

今川覚神(1860-1936)　浄土真宗大谷派の僧侶．石川県共立尋常中学や四高などで数学や天文学を教えた．清沢満之とともに宗門の改革運動を行った．***2***

岩波茂雄(1881-1946)　明治 41 年東大文科(哲学)選科修了．大正 2 年神田で古本屋を開業，のち出版にも手を広げ，夏目漱石の『こゝろ』や西田の『自覚に於ける直観と反省』などを刊行した．**128**，**135**，**138**，**143**，**144**，***48***，***116***，***237***，***256***

上田薫(1920-2019)　上田操・弥生の長男．昭和 17 年京大文学部(哲学)に入学し，西田家に寄宿した．19 年卒業．東京教育大教授，都留文科大学長などを務めた．***258***

植田寿蔵(じゅぞう)(1886-1973)　京大文科で深田康算に学ぶ．大正 11 年京大文学部助教授，昭和 4 年教授．雑誌『哲学研究』の編集にも力を尽くした．**285**，**288**，***67***

上田操(1890–1964)　学習院高等学科を経て大正5年京大法科卒．京大における学習院グループ(近衛文麿，木戸幸一，原田熊雄ら)の一員として西田と親しく接した．8年西田の長女弥生と結婚．**312**，***117***

上田(西田)弥生(1896–1945)　西田の長女．東京女高師で国文学を学んだ．同志社女学校などで教鞭を執ったのち，のちに大審院判事などを務めた上田操と結婚．***46***，***312***

植村悦造(宝林)(1922没)　東大文科(哲学)選科修了．明治30年西田は妙心寺で参禅中に知り合う．のち出家して宝林と名のる．妙心寺仙寿院住職．***62***

宇垣一成(かずしげ)(1868–1956)　陸軍士官学校，陸軍大学校卒．参謀本部総務部長などを経て，浜口内閣の陸相，第一次近衛内閣の外相兼拓相などを務めた．戦後，公職追放．***216***

臼井二尚(じしょう)(1900–1991)　大正15年京大文学部(社会学)卒．昭和3年京大文学部講師，19年教授．38年まで社会学講座を担当した．**140**，***134***

宇野順蔵　石川県専門学校以来の西田の旧友．石川県三中(のち七尾中学)などで国語・漢文を教えた．***2***

逢坂元吉郎(1880–1945)　明治28年に石川県尋常中学七尾分校に入学，西田のもとで学んだ．渡米して神学を修める．のち読売新聞社に入社，宗教欄で健筆を振るった．**150**，**190**

大西祝(はじめ)(1864–1900)　東大文科(哲学)卒．東京専門学校で教えたあと，明治30年に新設された京大の文科大学長に予定され，その準備のためにヨーロッパに留学したが，病を得て帰国．33年3月理工科講師として京大に赴任したが，その年の11月に死去した．***13***

長田新(1887–1961)　広島高師卒．大正4年京大文科(教育学)卒．9年広島高師教授，昭和5年広島文理大教授．自らも被爆したが，戦後，平和運動に力を尽くした．**287**

落合太郎(1886–1969)　京大文学部でフランス文学，言語学を担当．西田はフランス語の発音や翻訳について尋ねたり，フランス語文献の借用を申し込んだりしている．**212**

澤瀉(おもだか)久敬(1904–1995)　昭和 4 年京大文学部卒．16 年阪大医学部講師となり，日本で初めて医学概論の講義を行った．23 年阪大文学部教授．専門はフランス哲学．**307**，***318***

カ　行

峨山(がざん)昌禎(1853–1900)　臨済宗の禅僧．天龍寺派管長．***8***

片岡仁志(1902–1993)　昭和 2 年京大文学部(哲学)卒．鴨沂高校校長などを経て，25 年京大教育学部教授．教育指導講座を担当した．**242**

金井章次(1886–1967)　大正 2 年東大医科卒．12 年慶大医学部教授．翌年満鉄入社．昭和 14 年内モンゴルに作られた日本の傀儡政権，蒙疆連合自治政府の最高顧問となった．***276***

金子(西田)梅子(1909 生)　西田の六女．東京女子大卒．昭和 7 年東大大学院生金子武蔵と結婚．金子はのちに東大教授．二人のあいだに二男二女があった．***105***，***121***，***152***

金子武蔵(たけぞう)(1905–1987)　昭和 3 年東大文学部(哲学)卒．東大文学部講師，助教授を経て，21 年教授．出隆《いでたかし》の紹介で西田の六女梅子と結婚した．***152***，***276***，***280***

狩野(かの)直喜(1868–1947)　一高から東大文科(漢学)に進み，明治 28 年卒業．狩野亨吉らとともに京大文科大学開設委員となり，39 年の発足とともに教授．支那語学支那文学講座を担当した．***58***，***64***，***112***

狩野亨吉(こうきち)(1865–1942)　東大理科(数学)，文科(哲学)卒．京大文科大学開設にあたってその開設委員となり，明治 39 年，発足に際し倫理学を担任するとともに学長に就任．***52***，***54***

鹿子木員信(かずのぶ)(1884-1949)　ドイツ・イェーナ大などで学ぶ．大正 15 年九大法文学部教授．太平洋戦争中は言論報国会事務局長を務めた．戦後，公職追放．***177***，***294***

唐木順三(1904-1980)　昭和 2 年京大文学部卒．5 年満州教育専門学校教授．法政大予科講師などを経て，24 年明大教授．文芸評論や日本思想史・精神史研究で知られる．**97**

河合良成(1886-1970)　四高で学び，西田の薫陶を受けた．東大法科卒．農商務省に入ったのち，実業界に転じた．戦後，小松製作所社長を務めた．**20**

木戸幸一(1889-1977)　明治 44 年学習院高等学科卒業後，京大法科入学．近衛文麿，原田熊雄ら，いわゆる学習院グループの一員として西田と親しく接した．昭和 12 年第一次近衛内閣文相，14 年平沼内閣内相などを務めた．**214**，**243**，***206***，***208***

木場了本(1940 没)　明治 41 年四高卒．三々塾出身．浩々洞に入洞．44 年東大文科(哲学)卒．大谷大教授から昭和 3 年四高教授．在職中，交通事故で死亡．***29***

紀平正美(ただよし)(1874-1949)　明治 30 年四高卒．33 年東大文科(哲学)卒．大正 8 年学習院教授．昭和 7 年から国民精神文化研究所員を務めた．西田の『善の研究』出版に尽力した．**31**，**32**，***177***，***182***

木村盛　西田の妻寿美が病に倒れてから，家庭内の世話をした物井花(のち木村道子)の夫．日本労働総同盟で労働運動に携わった．**141**

木村素衞(もとり)(1895-1946)　大正 12 年京大文学部卒．昭和 5 年広島文理大助教授．8 年京大文学部助教授，15 年教授．教育学教授法講座を担当した．**127**，**136**，**146**，**156**，**164**，**223**，**230**，**232**，**238**，**248**，**281**，***135***，***314***

清沢(徳永)満之(まんし)(1863-1903)　浄土真宗大谷派の僧侶・仏教思想家．精神主義を唱えて，仏教を新しい社会のなかで生かす道を

探った. そのもとから佐々木月樵や暁烏敏らが出た. *2, 45*

九鬼周造(1888-1941) 明治42年東大文科に入学, ケーベルのもとで学んだ. 大正10年にヨーロッパに留学し, ベルクソンやフッサールから学んだ. 昭和4年京大文学部の講師に就任. 10年に教授となり, 西洋近世哲学史講座を担当した. *107*

熊野義孝(1899-1981) 東京神学社神学専門学校で植村正久のもとで学んだ. 大正12年卒. 日本基督教神学専門学校, 東京神学大教授. *159, 169*

倉田百三(1891-1943) 大正2年一高中退. 4年西田天香が設立した懺悔奉仕をめざす信仰者の団体・一燈園に入った. 6年戯曲『出家とその弟子』を発表. 10年には『愛と認識との出発』のなかで西田の『善の研究』について触れた. *70*

桑木或雄(あや)(1878-1945) 厳翼の弟. 明治32年東大理科(物理学)卒. 九大工科教授などを務めた. 相対性理論の最初の紹介者. *72, 299*

桑木厳翼(1874-1946) 明治29年東大文科(哲学)卒. 39年京大文科の開設に伴い, その開設委員となった. 開学と同時に教授となり, 哲学講座を担当した. 大正3年ケーベル退任の後を承けて東大に転出. *28*

ケーベル, ラファエル(1848-1923) Raphael Koeber 東大で明治26年から大正3年まで哲学を教え, 多くの弟子を育てた. 西田は一年間だけその講義を聴いている. *76*

高坂正顕(1900-1969) 大正12年京大文学部卒. 昭和11年東京文理大助教授. 15年京大人文研教授. 言論報国会理事を務めていたため, 戦後, 公職追放. 解除後, 京大教育学部教授などを務めた. *191, 192, 195, 197, 246, 264, 295, 309, 156, 184, 209, 217, 231, 233, 255, 314*

高山(こう)**岩男**(1905-1993) 昭和3年京大文学部卒. 13年京大文学部助教授, 21年教授. 海軍大学校教授嘱託を務めるなど, 海軍

との関わりも深かった．21 年公職追放．**314**，***172***，***318***

小西重直(1875-1948)　東大文科(哲学)卒．明治 38 年広島高師教授，大正 2 年京大文科教授となり，教育学教授法講座を担当した．昭和 8 年京大総長となった．***154***

近衛文麿(1891-1945)　公爵近衛篤麿の長男．学習院中等学科から一高に進み，東大文科に入学して哲学を学んだが，半年後に京大法科に転学．西田が京大での保証人になった．前年に京大に入学していた木戸幸一，原田熊雄ら学習院出身者とグループを作り，西田と親しく交わった．昭和 12 年，15 年，16 年と三度にわたり内閣を組織した．***200***，***203***，***204***，***206***，***208***，***216***，***239***，***254***，***256***，***264***，***314***，***322***

小宮豊隆(1884-1966)　ドイツ文学者・評論家．明治 41 年東大文科(独文学)卒．法政大教授などを経て，大正 13 年東北大法文学部教授．***271***

サ　行

西園寺公望(1849-1940)　明治 4 年から十年間パリに滞在，その間に法学を学んだ．帰国後，東洋自由新聞社社長を務めた．第二次，第三次伊藤内閣の文相．また自ら二回にわたって組閣した．***203***

佐々木月樵(1875-1926)　浄土真宗大谷派の僧侶・仏教学者．真宗大学を卒業後，清沢満之を中心とする信仰共同体「浩々洞」で活動．明治 39 年真宗大学教授．大正 10 年には西田の協力を得て鈴木大拙を大谷大に招いた．**29**，***24***

佐藤丑次郎(1877-1940)　ドイツの国家学の影響を強く受けた法学・政治学者．明治 45 年から大正 11 年まで京大法科政治学講座教授を務めた．***173***，***177***

佐藤賢了(1895-1975)　陸軍士官学校，陸軍大学校卒．陸軍省軍務課長，軍務局長，支那派遣軍参謀副長などを務めた．戦後，A

級戦犯として終身刑の判決を受けた．***275***

沢柳政太郎(1865–1927)　明治21年東大文科(哲学)卒．39年文部次官，44年東北大初代総長，大正2年京大第五代総長に就任．3年いわゆる沢柳事件により退職．***54***

ジェイムズ，ウィリアム(1842–1910)　William James　西田は「ゼームス」「ヂェームス」などと記す．ハーバード大学で哲学，心理学の教授を務めた．『宗教的経験の諸相』(1901–02)や「純粋経験の世界」(1904)という論文は西田に強い影響を与えた．***10***，***19***，***32***

島木赤彦(1876–1926)　歌人．『アララギ』の同人として，伊藤左千夫や斎藤茂吉らと意欲的な作歌活動を行った．岩波茂雄の紹介で『万葉集』の写本を見るために京大を訪れたことから，西田との交際が始まった．***114***

島崎藤村(1872–1943)　明治24年明治学院普通部卒．『若菜集』などの詩集や，『破戒』，『中央公論』に連載した『夜明け前』などの小説で知られる．***280***

島谷俊三　昭和2年京大文学部卒．静岡師範教授．昭和20年に入り，出版事情がきわめて悪化していたが，西田の最後の論文「場所的論理と宗教的世界観」の刊行に尽力した．**205**，**282**，**318**

志水義暲(よしあき)(1888–1954)　文部省教学局教学官．昭和10年代の「教学ノ刷新振興」政策の推進に関わった．***208***

下店(しもみせ)**静市**(1900–1974)　美術史家．立命館大法学部中退後，東大文学部で学んだ．『京都美術大観』などの編集に携わった．戦後，帝塚山大教授などを務めた．**268**

下村寅太郎(1902–1995)　大正15年京大文学部卒．昭和16年東京文理大助教授，20年教授．そのライプニッツや科学哲学・科学史に関する研究は西田にも大きな影響を与えた．**161**，**175**，**184**，**187**，**194**，**228**，**252**，**277**，**283**，***185***，***218***，***278***

末綱恕一(1898–1970)　大正11年東大理学部(数学)卒．九大助教授

などを経て，昭和10年東大理学部教授．のち統計数理研究所長．解析的整数論に関する多くの論文がある．**273**，**274**，**284**，**296**，**297**，**298**，**305**，***278***，***283***，***299***

鈴木成高(しげたか)(1907-1988)　昭和4年京大文学部(西洋史)卒．11年三高教授．17年京大文学部助教授．17年に河上徹太郎らと「近代の超克」をめぐって座談会を行った．戦後，公職追放．***314***

鈴木大拙(貞太郎)(1870-1966)　石川県専門学校以来の西田の旧友．鎌倉円覚寺で今北洪川，釈宗演のもとで禅の修行を行う．西田は大拙の「即非の論理」から大きな刺激を受けた．**10**，**19**，**166**，**225**，**253**，**260**，**262**，**279**，**308**，**315**，**317**，**320**，***3***，***8***，***9***，***45***，***79***，***129***，***242***，***263***，***280***，***301***，***311***

雪門玄松(1850-1915)　富山県高岡の国泰寺住職．北陸各地に禅の修業の場として洗心会を設け，その普及を図った．西田はそのもとで修行，「寸心」という居士号を与えられた．***5***，***8***，***10***，***23***，***111***，***158***

左右田(そうだ)**喜一郎**(1881-1927)　明治37年東京高商卒．すぐに渡欧，テュービンゲン大などで学んだ．左右田銀行頭取を務めるかたわら東京高商，京大でも教えた．**92**，***65***，***93***

増谷(そうや)**平八**　四高で西田の教えを受けた．西田らが指導する三々塾の一員でもあった．東大法科卒．住友合資社員．***281***

曽我量深(1875-1971)　浄土真宗大谷派の僧侶．清沢満之の開いた浩々洞に入り，雑誌『精神界』の編集に携わった．東洋大，大谷大などで仏教学・真宗学を教えた．昭和36年大谷大学長．***267***

タ　行

田岡嶺雲(1870-1912)　文芸批評家・社会批評家．明治27年東大文科(漢文学)選科修了．西田とまったく同じ時期に選科に在学．卒業後，民衆の立場に立って多くの評論を発表した．***3***

高木貞治(ていじ)(1875–1960)　明治30年東大理科卒．ドイツでヒルベルト(David Hilbert)から大きな影響を受けた．33年東大理科助教授，37年教授．数学講座を担当した．***161***

高田保馬(1883–1972)　明治43年京大文科(社会学)卒．九大教授などを経て，昭和4年京大経済学部教授となり，経済原論を担当した．***295***

高橋里美(1886–1964)　明治43年東大文科(哲学)卒．新潟高校教授などを経て，昭和3年東北大法文学部教授．戦後，東北大学長を務めた．西田の『善の研究』を書評．***34***，***35***，***92***，***178***

高松宮宣仁(のぶひと)(1905–1987)　大正天皇と貞明皇后の第三子．昭和天皇の弟にあたる．田辺元は昭和20年5月の西田宛書簡で高松宮に触れる．***322***

滝川幸辰(ゆきとき)(1891–1962)　京都地裁判事を経て，大正13年京大法科教授，刑法刑事訴訟法講座を担当した．昭和8年，政府が滝川の著書『刑法読本』を発禁とし，休職を命じたため，いわゆる京大(滝川)事件が起こった．***154***

滝沢克己(1909–1984)　昭和6年九大法文学部(哲学)卒．早くから西田哲学に傾倒した．ボン大学のカール・バルトのもとに留学．帰国後，九大文学部教授などを務めた．**219**，**240**，**294**

武見太郎(1904–1983)　昭和5年慶大医学部卒．戦後は長く日本医師会会長を務めた．昭和16年，手足のはれや関節の痛みを感じた西田は岩波茂雄の紹介により，武見の診察を受けた．***256***

多田鼎(1875–1937)　浄土真宗大谷派の僧侶．真宗大学卒業後，清沢満之が開いた浩々洞で活動．佐々木月樵，暁烏敏とともに，浩々洞の三羽烏と言われた．***29***

田中秀央(ひでなか)(1886–1974)　明治39年三高卒．42年東大文科卒．京大文学部教授，古代ギリシア文学史，ラテン文学史を講じた．**250**

田辺寿利(すけとし)(1894–1962)　東大文科選科中退．フランス社会学の

徳富蘇峰(1863-1957)　明治20年民友社を興し，『国民之友』を発刊，次いで23年『国民新聞』創刊，これらを舞台として「平民主義」を鼓吹した．のち国家主義に転じた．***6***

徳永満之　→清沢満之

得能文(ぶん)(1866-1945)　明治25年東大文科(哲学)選科修了．28年四高講師となるが，30年西田らとともに非職．のち東京高師教授などを務めた．西田の『善の研究』出版に尽力．***32***

戸坂潤(1900-1945)　大正13年京大文学部卒．昭和4年大谷大教授．この頃からマルクス主義について研究．6年三木清が辞職したあとを承けて法政大講師．13年治安維持法違反の疑いで検挙．保釈後，19年に有罪が確定し，収監，20年8月9日獄死．**149**，**151**，**174**

友枝高彦(1876-1957)　東大文科(哲学)卒．明治41年京大助教授となり，倫理学を担当．43年から欧米に留学．その欠を補うために西田が京大に赴任．戦後，都留文科短大学長を務めた．***28***

朝永(ともなが)**三十郎**(1871-1951)　明治28年東大文科(哲学)に入学，ケーベル，井上哲次郎らに学ぶ．京大の文科大学開設の翌年に助教授として赴任．大正2年から西洋哲学史講座教授．**58**，**59**，**245**，***99***，***120***，***137***

ナ　行

中島一郎　明治42年東大文科(独文学)卒．広島高師，のち甲南高校教授．同僚であったロベルト・シンチンガー，さらに木村素衛，高山岩男らとともに西田の論文を独訳した．***232***

長島喜三　大正14年京大文学部卒．卒業と同時に西田の推薦により広島高校に赴任した．**133**

中目(なかのめ)**覚**(1874-1959)　二高から東大文科(独文学)に進み，明治32年卒．32年から36年まで四高教授．西田と親交をもった．の

ち大阪外国語学校長などを務めた. ***30***

長与善郎(よしろう)(1888-1961)　小説家. 明治44年学習院高等学科卒. その時期に西田, 鈴木大拙から強い影響を受けた. 東大文科(英文学)中退. 白樺派に属し,『白樺』に「項羽と劉邦」などを発表した. **85**, **292**, **316**

夏目漱石(1867-1916)　明治26年東大文科(英文学)卒. 西田は一級下であったが, 東大で同じ講義を聴いている. 西田の日記には『吾輩は猫である』などを読んだことが記されている. ***18***

新島襄(1843-1890)　明治8年同志社英学校を設立(21年同志社学院に改称), 校長を務め, キリスト教精神に基づく教育を行った. 西田は四高在学中に「悲新島先生逝去文」を記す. ***3***

西晋一郎(1873-1943)　明治32年東大文科(哲学)卒. 広島高師, 広島文理大教授を務め, 倫理学を担当した. ***25***, ***204***

西田(上野)麻子(1996没)　東京女子大卒. 安倍能成の紹介で大正11年より西田家で娘らの教育にあたり, 家事を手伝った. 13年田辺元の媒酌により西田の次男外彦と結婚, 一男一女をもうけた. **81**, **108**, **114**, **120**, **121**, **251**, ***157***

西田梅子　→金子梅子

西田謙(1898-1920)　西田の長男. 三高の三年生のときに腹膜炎から心臓内膜症を併発し, 急逝. 没後西田は記念としてカント全集などを三高に寄贈したが, そこには西田の短歌が記されている. ***46***, ***61***, ***63***

西田(山田)琴(1883-1973)　西田は大正14年に妻寿美を病気で失ったが, 昭和6年に, 女子英学塾(津田塾)で教鞭を執っていた山田琴と再婚した. 幾多郎六十一歳, 琴四十八歳の時であった. **291**, ***143***, ***144***

西田寿美(ことみ)(1875-1925)　西田の妻. 得田耕と西田の母寅三の妹貞の長女. 大正8年脳溢血のために倒れ, 五年あまり病臥した. 14年に死去. ***62***, ***83***

西田静子(1905-1976)　西田の三女．太田喜二郎，黒田重太郎に油絵を学ぶ．白亜会会員．二科展などに入選．病弱であった静子に対する西田の心遣いは，多くの書簡から読み取ることができる．**155**，**304**，***90***，***104***，***105***，***108***，***115***，***285***

西田外彦(1901-1959)　西田の次男．大正 15 年京大理学部卒．その進路について西田は務台理作に相談している．神戸製鋼所に勤務したのち，甲南高校教授．外地での軍務が長かった．**70**，**71**，**120**，**121**，**157**，**170**，**236**，**313**，***56***，***73***，***81***，***122***，***123***，***251***

西田寅三(とさ)(1842-1918)　西田の母．西田得登に嫁し，正，尚，幾多郎，隅，憑次郎の二男三女をもうけた．浄土真宗の熱心な信者であった．***55***

西田弥生　→上田弥生

西谷啓治(1900-1990)　一高を経て，大正 13 年京大文学部(哲学)卒．京大文学部教授．宗教学講座を担当．**145**，**185**，**188**，**241**，**267**，**270**，***184***，***314***

布川角左衛門(1901-1996)　法政大卒．昭和 3 年岩波書店入社，編集部長を務めた．退社後，栗田書店社長などを務めた．**321**

乃木希典(1849-1912)　日露戦争には第三軍司令官として出征し，旅順攻略を指揮した．西田の弟憑次郎は旅順で戦死した．明治 40 年学習院長．42 年に学習院に赴任した西田の上司．***36***

ハ　行

波多野精一(1877-1950)　東大でケーベルのもとで西洋哲学を学んだ．明治 34 年東京専門学校講師．大正 6 年京大文科教授となり，宗教学講座を担当した．***58***，***59***，***78***，***87***

浜田耕作(1881-1938)　明治 38 年東大文科(史学)卒．42 年京大文科講師，大正 6 年教授．考古学講座を担当した．昭和 12 年京大総長に就任したが，任期途中に病没．***208***

林達夫(1896-1984)　大正 11 年京大文学部(美学美術史)卒．中央公論社出版局長，明大教授などを歴任．雑誌『思想』や平凡社の『世界大百科事典』などの編集も手がけた．**183**

原勝郎(1871-1924)　明治 29 年東大文科(史学)卒．ランケの弟子リース(Ludwig Riess)に西洋史研究の方法を学んだ．42 年京大教授．大正 13 年文学部長在職中に死去．***58***

原田熊雄(1888-1946)　学習院を経て大正 4 年京大法科卒．近衛文麿，木戸幸一ら学習院から京大法科に進んだグループの一員．西田と親しく交わった．京大時代から出入りしていた西園寺公望の秘書となった．**162**，**171**，**181**，**200**，**203**，**206**，**216**，**249**，**265**，***322***

ハーン，ラフカディオ(1850-1904)　Lafcadio Hearn　帰化後は小泉八雲と名のった．西田は旧友田部隆次の『小泉八雲』の「序」を執筆している．西田は「ヘルン」と表記する．***19***，***26***

久松真一(1889-1980)　京大文科卒．西田の最初期の弟子の一人．昭和 12 年京大文学部助教授，21 年教授．仏教学講座を担当した．学道道場(のち FAS 協会)を創立し，学生を指導した．**60**，**62**，**91**，**105**，**106**，**189**，**193**，**229**，**271**，***280***

日高第四郎(だいしろう)(1896-1977)　大正 11 年京大文学部卒．広島高校教授，三高教授，一高教授などを歴任．戦後は，文部事務次官，国際基督教大教授などを務めた．**176**，**213**

平泉澄(きよし)(1895-1984)　大正 7 年東大文科(国史)卒．15 年東大文学部助教授．昭和 10 年教授．皇国史観の主唱者．戦後，公職追放．***200***

平田元吉(1874-1942)　一高を経て明治 34 年東大文科(哲学)卒．長らく三高教授．ドイツ語を担当した．***176***

平沼騏一郎(1867-1952)　明治 21 年東大法科卒．検事総長，大審院長などを務めた．昭和 14 年第一次近衛内閣の後を承けて組閣．戦後 A 級戦犯として終身禁固刑の判決を受けた．***153***

マ　行

牧健二(1892-1989)　大正7年京大文科(国史)卒．その後，京大法学部卒．15年京大法学部助教授，昭和6年教授．日本法制史講座を担当した．16年法学部長．***177***

松田宗吉(1903没)　四校で西田と同級．明治27年東大文科(史学)卒．早く世を去った．***2***

松本文三郎(1869-1944)　四校以来の西田の旧友．明治39年の京大文科の開設とともに印度哲学史を担当した．41年から大正5年まで文科大学長を務めた．***28***，***58***

三木清(1897-1945)　京大で西田に学んだのち，ドイツに留学し，リッケルト，ハイデガーのもとで学んだ．『構想力の論理』などの著作がある．昭和20年に治安維持法違反容疑で検挙され，そのまま終戦を迎えた．9月26日に獄中で死亡した．***51***，***87***，***128***，***135***，***142***

三竹欽五郎(1918没)　山口高校，四高などでドイツ語を教えた．同僚として西田と親しく接した．***16***

三辺(みなべ)長治(1886-1958)　明治40年四高卒，44年東大法科卒．内務省地方局長，東京市助役，大阪府知事などを務めた．昭和9年から11年まで文部次官を務めた．***177***，***180***

蓑田胸喜(1894-1946)　大正9年東大文学部(宗教学)卒．14年原理日本社を興し，西田をはじめ，滝川幸辰，吉野作造，美濃部達吉，津田左右吉ら多くの学者を攻撃した．昭和21年縊死．***154***，***217***，***237***

美濃部達吉(1873-1948)　明治30年東大法科卒．33年東大法科助教授，35年教授．満州事変以後のファシズム的風潮の高まりのなかで，その天皇機関説が右翼勢力から攻撃を受けた．***171***，***173***

三宅剛一(1895-1982)　京大文学部で西田のもとで学ぶ．大正13年

東北大理学部助教授，昭和 21 年法文学部教授．29 年に京大文学部教授に転じ，哲学講座を担当した．**100**，**134**，**160**，**163**，**168**，**211**，**221**，**261**，**290**，**302**，***218***

三宅少太郎(真軒)(1853-1934) 石川県尋常中学，四高で漢文を教えた．西田には「三宅真軒先生」と題したエッセーがある．***4***

宮本和吉(1883-1972) 明治 42 年東大文科(哲学)卒．44 年から『哲学雑誌』の編集に携わり，西田と接触．京城大教授．戦後，武蔵大，成城大学長を務めた．**34**，**35**，**42**，**50**

務台理作(1890-1974) 大正 3 年東京高師卒．一度教員になったのち，京大文科に入学し，西田のもとで学んだ．台北大文政学部教授，東京文理大教授などを務めた．西田の影響を強く受けた弟子の一人である．**56**，**73**，**89**，**96**，**102**，**129**，**137**，**167**，**178**，**179**，**201**，**202**，**209**，**217**，**218**，**226**，**231**，**233**，**234**，**247**，**255**，**258**，**278**，**286**，**303**，**306**，**310**，**311**，***99***，***295***

元良(もとら)勇次郎(1858-1912) 明治 16 年に渡米，ジョンズ・ホプキンス大などで，哲学，心理学，社会学を修めた．23 年東大文科教授となり，心理学講座を担当した．***17***

森鷗外(1862-1922) 東大医学部卒．陸軍軍医総監．「阿部一族」や「高瀬舟」などの小説，アンデルセンの『即興詩人』の翻訳(明35)などで知られる．***33***

森総之助(1876-1953) 三高で物理学を教えた．溝淵進馬の死去の後を承けて，昭和 10 年三高校長となった．***176***

守屋喜七(1872-1945) 長野県の教員．務台理作を通して西田に長野市教育会での講演を依頼．信濃哲学会の代表を務めた．***129***

ヤ　行

安井英二(1890-1982) 大正 5 年東大法科卒．内務省に入り，地方局長などを経て，昭和 10 年大阪府知事．12 年第一次近衛内閣で

文相，15 年第二次近衛内閣で内相を務めた．***200***，***206***

柳田謙十郎(1893-1983)　大正 15 年京大文学部(倫理学)卒．台北大助教授などを経て，大谷大教授，浦和高校教授などを務めた．西田の思想に傾倒した一人．**207**，**215**，**220**，**222**，**224**，**244**，**272**，**280**，***209***

山内(中川)得立(1890-1982)　大正 3 年京大文科卒．西田の最初期の弟子の一人．東京商大教授を経て，昭和 6 年京大文学部教授，西洋古代中世哲学史講座，のち哲学講座を担当した．**65**，**68**，**74**，**75**，**93**，**139**，**269**，**319**，***48***，***84***

山田孝雄(よしお)(1873-1958)　富山県尋常中学中退．中学校教諭を経て，昭和 2 年東北大法文学部教授，国文学講座を担当した．15 年神宮皇学館大学長．***295***

山本(金田)良吉(1871-1942)　石川県専門学校で西田を知る．生涯にわたって親交を結んだ．京大の学生監，学習院教授，武蔵高校校長などを務めた．**1**，**2**，**3**，**4**，**5**，**6**，**8**，**9**，**13**，**14**，**15**，**28**，**61**，**63**，**69**，**95**，**116**，**117**，**126**，**132**，**142**，**147**，**153**，**158**，**173**，**177**，**182**，**210**，**227**，**235**，**239**，**256**，**259**，***266***

湯川秀樹(1907-1981)　昭和 4 年京大理学部(物理学)卒．11 年阪大理学部助教授，14 年京大理学部教授．24 年中間子理論によりノーベル賞受賞．大学時代に西田の哲学概論の講義を聞いた．***299***

由良哲次(1897-1979)　大正 11 年東京高師卒．昭和 2 年京大文学部卒．ハンブルク大に留学，カッシーラーのもとで学んだ．帰国後，東京高師教授．その後，日大，明大などで教えた．**118**，**119**

吉野作造(1878-1933)　明治 37 年東大法科(政治学)卒．42 年東大法科助教授，大正 3 年教授．吉野が唱えた民本主義は，大正デモクラシーに理論的な基礎を提供した．***141***

ワ　行

西田《にしだ》幾多郎《きたろう》書簡《しょかん》集《しゅう》

2020年9月15日　第1刷発行

編　者　藤田《ふじた》正勝《まさかつ》

発行者　岡本　厚

発行所　株式会社　岩波書店
〒101-8002　東京都千代田区一ツ橋 2-5-5

案内 03-5210-4000　営業部 03-5210-4111
文庫編集部 03-5210-4051
https://www.iwanami.co.jp/

印刷・精興社　製本・牧製本

ISBN 978-4-00-381284-6　Printed in Japan

読書子に寄す

——岩波文庫発刊に際して——

岩波茂雄

真理は万人によって求められることを自ら欲し、芸術は万人によって愛されることを自ら望む。かつては民を愚昧ならしめるために学芸が最も狭き堂宇に閉鎖されたことがあった。今や知識と美とを特権階級の独占より奪い返すことはつねに進取的なる民衆の切実なる要求である。岩波文庫はこの要求に応じそれに励まされて生まれた。それは生命ある不朽の書を少数者の書斎と研究室とより解放して街頭にくまなく立たしめ民衆に伍せしめるであろう。近時大量生産予約出版の流行を見る。その広告宣伝の狂態はしばらくおくも、後代にのこすと誇称する全集がその編集に万全の用意をなしたるか。千古の典籍の翻訳企図に敬虔の態度を欠かざりしか。さらに分売を許さず読者を繫縛して数十冊を強うるがごとき、はたしてその揚言する学芸解放のゆえんなりや。吾人は天下の名士の声に和してこれを推挙するに躊躇するものである。このときにあたって、岩波書店は自己の責務のいよいよ重大なるを思い、従来の方針の徹底を期するため、すでに十数年以前より志して来た計画を慎重審議この際断然実行することにした。吾人は範をかのレクラム文庫にとり、古今東西にわたって文芸・哲学・社会科学・自然科学等種類のいかんを問わず、いやしくも万人の必読すべき真に古典的価値ある書をきわめて簡易なる形式において逐次刊行し、あらゆる人間に須要なる生活向上の資料、生活批判の原理を提供せんと欲する。この文庫は予約出版の方法を排したるがゆえに、読者は自己の欲する時に自己の欲する書物を各個に自由に選択することができる。携帯に便にして価格の低きを最主とするがゆえに、外観を顧みざるも内容に至っては厳選最も力を尽くし、従来の岩波出版物の特色をますます発揮せしめようとする。この計画たるや世間の一時の投機的なるものと異なり、永遠の事業として吾人は微力を傾倒し、あらゆる犠牲を忍んで今後永久に継続発展せしめ、もって文庫の使命を遺憾なく果たさしめることを期する。芸術を愛し知識を求むる士の自ら進んでこの挙に参加し、希望と忠言とを寄せられることは吾人の熱望するところである。その性質上経済的には最も困難多きこの事業にあえて当たらんとする吾人の志を諒として、その達成のため世の読書子とのうるわしき共同を期待する。

昭和二年七月